자유로운 영혼

세움북스는 기독교 가치관으로 교회와 성도를 건강하게 세우는 바른 책을 만들어 갑니다.

자유로운 영혼

초판 1쇄 인쇄 2022년 11월 20일
초판 1쇄 발행 2022년 11월 25일

지은이 l 조성노
펴낸이 l 강인구

펴낸곳 l 세움북스
등 록 l 제2014-000144호
주 소 l 서울시 종로구 대학로 19 한국기독교회관 1010호
전 화 l 02-3144-3500
팩 스 l 02-6008-5712
이메일 l cdgn@daum.net

디자인 l 참디자인

ISBN 979-11-91715-57-6 (03230)

자유로운 영혼

한 시대의 어두움을 명명하도록 부름 받아
그 순수한 구속을 받아들인
한 자유로운 영혼의 고백이자
자유를 갈망하는 영혼의 절절한 외침
어느 은퇴 목회자의 남루한 삶의 궤적이자
비틀거린 사역의 부끄러운 흔적들

조성노 지음

머리말

　저는 10년간의 해외 유학도, 귀국 후 신학교 교수 생활도, 그리고 27년간의 목회사역도 다 변변치 못했습니다. 언제나 지난하고 지리멸렬했습니다.

　그래서 한 때는 나만 빼면 세상 모든 사람들이 다 행복한 것 같고, 다른 목회자들은 다 훌륭한 사역에 성공적인 목회를 하는데 오직 나만 아닌 것 같아 굉장한 소외의식에 빠지기도 했습니다.

　여기 두 권으로 정리한 칼럼집은 그런 제 목회생활의 남루한 궤적이자 비틀거린 삶의 부끄러운 흔적들입니다.

　놀랍게도 그간 쓴 칼럼이 무려 천여 편에 달했습니다. 제가 무슨 전문 작가도 아니고 프로 비평가도 아닌데 아무리 어설프기로 이만한 글이 쌓이고 보니 목회를 마감하는 자리에서는 뭔가 한두 권 단행본으로라도 남겨야 할 것 같아 급히 엮어본 것입니다.

　1집에 해당하는 〈자유로운 영혼〉은 저의 정서와 문화적 취향을 염두에 두고 조금은 더 감성적인 글들을 편집한 것이고, 2집인 셈인 〈안드로포스〉는 현실과 그때그때 부딪친 시의성 있는 주제들을 나름의 인문학적 감각과 구어체 글쓰기 방식으로 풀어본 것들입니다.

　목회자는 참 예사로운 존재입니다. 생활에 쫓기고 고된 사역에 쓰러져 풀이 꺾이고 살아남아야 한다는 맹목에 지배되고 삶이란 도대체 무슨 의미가 있으며 목회란 대체 무엇인가를 고민하다 잠이 드는 가장 하찮은 자 중 하나입니다.

　다만 그 숱한 고뇌를 좀 더 오래 응시하고, 그럼으로써 그 시대의 어두움을 명명하도록 부름 받았다는 게 다르다면 좀 다르다고나 할까....

　그나마도 그의 언어의 대부분은 자신의 것이 아닙니다. 만약 목회자가 화를 당한다면 다 이 언어 때문인데 그만큼 언어는 그의 행동이고 사건이고 소명이며 모든 것입니다. 그런 의미에서 목회자는 가장 순수하게 구속당한 자이고, 만약 그의 언어가 겁을 먹기 시작했다면 그것은 그가 이 순수한 구속을 저버린 탓입니다.

　목회자의 언어가 의미 있는 것은 그의 말이 자신의 언어이면서 동시에 모두의 언어일 때입니다. 목회자의 고통이 의미 있는 것은 그의 삶이 자신의 아픔이면서 동시에 모두의 아픔일 때입니다.

　이 글들은 한 시대의 어두움을 명명하도록 부름 받아 그 순수한 구속을 받아들인 한 자유로운 영혼의 고백이자 자유를 갈망하는 영혼의 절절한 외침입니다.

2022년 11월
저자 조성노

목차

문화
흐르는 강물처럼

뿌듯한 해피엔딩

이번에도 넷플릭스에서 몰아보기를 했는데, 소문대로 하루하루의 지친 일상을 달래주는 〈여름날 소나기〉와도 같은 드라마였습니다.

채널명 조차 생소한 신생 케이블 방송 ENA에서 만든 〈이상한 변호사 우영우〉는 자폐 장애를 가졌지만 한 번 본 글은 절대 안 잊어버리고 로스쿨 수석 졸업에 변호사 시험도 만점을 받은 〈바로 읽어도 우영우, 거꾸로 읽어도 우영우〉라는 한 신입 변호사 얘깁니다.

매회 독립된 에피소드를 다루기에 다양한 인간 군상들이 등장하지만 흔히 법정 드라마에서 보는 냉혹하고 비열한 면들보다는 등장인물들의 복잡다단한 내면을 따스하게, 또 과장하거나 극적인 반전 없이도 깨알 같은 재미와 힐링을 선사하는 휴식 같은 드라마입니다. 자극적인 양념이나 요란한 비주얼 없이 오직 정직한 맛 하나로 감동을 주고 마음을 따뜻하게 하는 음식과도 같은 드라마인데, 그렇다면 국내외에서 신드롬을 일으키며 수많은 사람들의 마음을 단번에 사로잡은 비결은 대체 뭘까요?

무엇보다 〈우영우〉 역을 소화한 배우 〈박은빈〉의 연기가 눈부셨습니다. 결코 쉬웠을 리 없는 그녀의 자폐인 연기가 얼마나 섬세하고 완벽한지 그저 매회 감탄을 금치 못하게 했습니다.

저로서는 처음 보는 배우지만 〈박은빈〉은 확실히 정확한 딕션을 가지고 엄청난 연기 내공의 포텐을 터뜨리며 〈우영우〉라는 대체 불가의 역대급 캐릭터를 만들어냈습니다.

이 드라마의 극본을 쓴 문지원도 대학을 가지 않고 고교마저도 중퇴한 작가라는데 그저 놀랍기만 합니다. 16회 마지막 스토리 구성까지 완급 조절을 저토록 일관성 있게 가져가기가 얼마나 힘들었을까를 생각하면 작가의 필력과 감독의 연출력에 절로 고개가 숙여집니다.

〈우영우〉라는 캐릭터는 분명 조금은 비현실적이고, 또 조금은 판타지스러운 게 사실입니다. 더구나 극중 실사와 애니메이션 등으로 자주 출몰하는 거대한 바다 생물 〈고래〉의 등장은 더욱 그렇습니다. 〈우영우〉는 고래에 대한 해박한 지식을 바탕으로 늘 고래에 필이 꽂혀 사는데 자신의 시선 곳곳을 따라다니며 유유히 공중 도약을 시도하고 유영하는 고래를 통해 순간순간 생기와 번뜩이는 영감을 얻곤 하지만 그게 부자연스럽거나 뜬금없기보다는 오히려 시원하고 통쾌한 카타르시스를 느끼게 합니다.

고래 사냥 중 잘 알려진 건 새끼부터 죽이는 거야.

손쉬운 새끼에게 먼저 작살을 던져 새끼가 고통스러워하며 몸부림치면 어미는 절대 그 자리를 떠나지 않아. 아파하는 새끼를 버리지 못하는 거야. 그때 최종 표적인 어미를 향해 두 번째 작살을 던져서 어미와 새끼를 다 잡는 거지.

고래는 지능이 높아. 새끼를 버리지 않으면 자기도 죽는다는 걸 알지만 그래도 끝까지 새끼를 포기하지 않아.

만약 내가 고래였다면, 엄마가 날 안 버렸을까?

자신을 버린 엄마를 그리워하면서도 씻을 수 없는 깊은 상처를 안고 살아가는 〈우영우〉의 속마음이 조금은 드러난 대목인데, 늘 곁에서 자기를 챙겨준 친구 〈최수연〉에 대해서는 또 이렇게 말합니다.

너는 봄날의 햇살 같아.

로스쿨 다닐 때부터 그렇게 생각했어.

너는 나한테 강의실 위치와 휴강 정보, 바뀐 시험 범위를 알려주고, 동기들이 날 놀리거나 속이거나 따돌리지 못하게 하려고 노력했어.

지금도 너는 내 물병을 열어주고, 다음에 구내식당에 또 김밥이 나오면 나한테 알려주겠다고 해. 너는 밝고 따뜻하고 착하고 다정한 사람이야.

봄날의 햇살 최수연이야.

저는 개인적으로 〈우영우〉와 어머니 〈태수미〉의 관계를 어떻게 처리할지가 몹시 궁금했는데 아우, 이렇게 쌈박한 결말이라니...

〈제겐 좋은 어머니가 아니었지만 최상현군에게는 좋은 어머니가 되어 주세요〉하며 읍소하는 장면에서는 울컥했지만 자신을 외뿔 고래에 비유하면서

〈저는 낯선 바다에서 낯선 흰고래들과 함께 살고 있어요.
모두 저와 다르니까 적응하기가 쉽지 않고, 저를 싫어하는 고래들도 많습니다.
그래도 괜찮습니다. 이게 제 삶이니까요.
제 삶은 조금 이상하고 조금은 별나지만 가치 있고 아름답습니다!〉하며 그 커다란 눈망울에 가득 눈물을 담을 때는 오히려 후련함과 뿌듯한 희열을 느꼈습니다.

드라마는 막장극이라는 선입견이나 장애인에 대한 불편한 편견을 내려놓고 열린 마음, 가장 순수한 눈으로 본다면 누구에게나 힐링이 되고 인생 드라마가 될 듯….

어느 수집가의 초대

앞으로 백년 후 혹은 이백년 후의 〈이건희〉는 어떤 인물로 기억될까요?

〈삼성〉이야 그 시대적 소임을 다하고 사라지거나 잊혀지겠지만 〈이건희〉는 여전히 걸출한 컬렉터로서의 존재감을 과시하며 대한민국 근대사와 문화 예술사의 위대한 전설로 남을 것 같습니다.

저는 그동안 고 이건희 회장을 그저 〈삼성〉을 이끈 글로벌 기업가로만 알았지 이렇게까지 독보적인 문화 컬렉터인 줄은 정말 몰랐습니다. 매스컴이 이건희 회장의 2만 3천여 점에 이르는 대규모 미술품 기증을 두고 〈세기의 기증 사건〉이라고 했는데, 맞습니다! 그건 사실입니다.

역사상 일개인이 2만 3천여 점의 미술품을 국가에 기증한 예가 있을까요?

기증품의 양적 규모도 놀랍지만 그 한 점 한 점의 문화 예술적 가치와 경제적 가치를 생각하면 실로 경이롭기까지 합니다.

이건희는 대체 어떤 기준으로 이 많은 작품들을 컬렉팅 했을까요?

일찍부터 드물고 희귀한 작품들의 진가를 알아보고 집요하고도 대범하게 수집한 그의 그 도드라진 예술적 안목은 어디서 온 것일까요?

이건희 컬렉션의 기증품들을 돈으로 환산한다는 자체가 어리석지만 우리나라 국립미술관의 연간 예산이 50억에도 못 미치는 수준임을 감안하면 앞으로 백년이 걸려도 절대 이만한 작품들을 수집할 수 없다고 단언한 전문가들의 견해가 이해되고도 남습니다.

지난 화요일 한신애 권사님의 배려로 국립중앙박물관의 이건희 컬렉션전 〈어느 수집가의 초대〉를 다녀왔습니다. 이번에 전시된 355점의 작품들은 그가 기증한 전체 물량의 1.5%에 지나지 않지만 그럼에도 제게는 컬렉터 이건희의 안목과 취향뿐 아니라 그의 작품 수집의 스펙트럼까지도 확인할 수 있었던 소중한 기회였습니다.

〈리움미술관〉, 〈호암미술관〉을 다 가봤지만 선사시대부터 21C까지 금속, 토기, 목가구, 조각, 서화, 유화 등 그 시기와 분야도 다양해 단연 최고 수준의 전시회였습니다.

그동안 국내외에서 제가 본 〈클로드 모네〉의 〈수련〉 그림만도 수십 점인데 이번 전시회에서 본 〈모네〉의 〈수련이 있는 연못〉은 처음 본 작품이었습니다. 그의 〈수련〉 연작 거의 모든 작품에 등장하는 연못 주변 풍경이나 일본식 정원 다리가 없고 오직 수련과 수면의 빛의 변화에만 집중한 최고의 〈모네 부흥기〉 작품이라는 느낌과 함께 저로서는 그 그림 한 점 만으로도 〈어느 수집가의 초대〉를 받아 분에 넘치는 대접을 받았다는 생각이 들어 새삼 65세 이상 무료입장 혜택까지도 송구스러울 지경이었습니다.

박수근의 〈아기 업은 소녀〉, 지난 50년간 행방이 묘연했던 이중섭의 〈황소〉와 〈섶 섬이 보이는 풍경〉, 대가다운 표현 양식과 풍부한 질감으로 회화의 본질을 전달하는 김기창의 〈소와 여인〉, 김환기의 추상회화 절정기의 푸른색 작품 〈산울림〉, 우리나라에서 최초로 추상화를 실험한 작가 유영국의 〈무제〉, 천경자의 〈만선〉, 장욱진의 〈가족〉... 정말 이건희가 아니고는 누구도 감히 상상할 수 없을 명작들, 교과서에나 나오고 사진으로만 봐온 걸작들이 진품으로 지금 내 눈앞에 걸려있다는 사실이 좀처럼 실감나지 않아 휴대폰으로 찍기도 하고 또 도록을 한 권 사기도 했습니다.

명색이 국가가 운영하는 미술관이면서도 이들 작가들의 변변한 대표작 한 점도 없었던 국립미술관이 단번에 소장품 수준을 극대화하고, 동시에 양적으로도 2만점 이상을 더하는 전무후무한 탈바꿈을 꾀하게 되었으니 이 어찌 동시대를 사는 오늘 우리는 물론 후세들에게도 충격적인 행운이 아닐 수 있겠습니까.

작년 5월 뉴욕 소더비 경매에서 이번 전시회에 나온 모네의
〈수련이 있는 연못〉과 같은 주제, 같은 규격, 같은 시기의 작품
〈수련 연못〉(Le Bassin aux Nympheas)이 자그마치 7,040만 달러, 한
화 약 8백억 원에 낙찰되었습니다.

반 고흐의 자화상

저는 오래전 프랑스 파리의 센 강변에 자리한 〈오르세 미술관〉 5층 35번 전시실에서 처음 〈빈센트 반 고흐〉의 자화상과 마주쳤을 때의 충격을 아직도 잊지 못합니다.

그가 1889년에 그린 자화상이 전시된 방에 들어서자 다른 그림들은 눈앞에서 다 사라지고 오직 그 작품만이 제게로 돌진하며 꿈틀대는 거친 붓질로 저의 내면을 마구 헤집는 듯해 어지러운 감동과 함께 당시 그가 겪었을 고통, 혼란, 외로움과 절망까지도 느껴져 몹시 가슴이 저리고 먹먹했던 순간을 지금도 생생하게 기억하고 있습니다.

오늘은(5월 29일) 고흐가 1890년 프랑스 남부 프로방스의 생레미 정신병원에서 권총으로 37세의 생을 마감한 날입니다.

반 고흐는 1853년 3월 네덜란드 준데르트에서 개혁교회 목회자의 6남매 중 맏이로 태어났습니다. 할아버지도 목사여서 그의 집안은 오랜 장로교 전통의 성직자 가풍이었고 고흐 역시도 엄격

하면서도 온화했던 아버지의 영향 아래 3대 목회자를 꿈꾸며 유수한 암스테르담 대학 신학부에서 성직자 수업을 받습니다. 그러나 작은 교회 목회자인 아버지의 경제적인 지원이 여의치 않아 더는 학업을 계속하기가 어려워지자 영국으로 건너가 평신도 설교가로 사역하다 다시 벨기에의 탄광촌 선교사로 자리를 옮기지만 가는 곳마다 교회 당국과의 마찰로 심한 어려움을 겪습니다.

1880년 고흐는 결국 설교가의 길과 열렬히 바라던 목사 지망생의 꿈을 접고 목회보다는 그림이 자신의 소명이라 믿으며 27세의 늦깎이로 화단에 입문합니다. 그러나 불과 10년간의 짧은 그의 화가 인생은 이전보다 오히려 더 열악하고 더 처절한 막장이었습니다. 극단적인 가난과 고통과 소외와 멸시뿐인 최악의 밑바닥 인생이었습니다. 6개월간 함께 생활하며 작업했던 폴 고갱과의 불화로 자신의 귀마저 자르고, 수시로 찾아오는 발작증으로 정신과 영혼은 나날이 더 피폐해져 갔는데 그의 그런 모습이 세인들에게는 〈붉은 수염의 미치광이 화가〉로 깊이 각인되고 말았습니다.

그럼에도 그는 무려 8백여 점의 유화와 7백 점 이상의 데생을 남겼습니다. 그의 생전에 팔린 작품은 오직 데생 한 점뿐이었지만, 그가 세상을 떠난 지 130년이 지난 지금은 그의 작품이 매번 그림 경매 사상 최고가를 경신하고 있습니다.

인류 정신사에 족적을 남긴 수많은 예술가들 중에서 빈센트 반 고흐만큼 우리의 삶에 큰 울림을 준 화가가 또 있을까요? 그것은 비록 짧은 생을 살다 갔지만 그의 인생 여정이 슬픔과 기쁨, 가난과 좌절, 고통과 인내, 모멸과 천대, 열정과 분노, 고독과 비극적인 최후까지 한 인간이 겪을 수 있는 온갖 삶의 경험들을 가장 적나라하게 보여주고 있기 때문일 것입니다.

그의 삶과 그림이 시대를 초월해 우리 모두의 가슴에 시리도록 와 닿고 우리의 영혼을 이토록 뒤흔드는 것도 그의 작품이야말로 화가의 손이 만들어낸 단순한 색의 조합이 아니라 가장 외롭고 아팠던 한 인간의 고뇌를 가감 없이 그대로 화폭에 담아냈기 때문입니다.

세상에서 고흐처럼 처절한 인생이 또 있을까요? 고흐처럼 고독한 예술혼이 또 있을까요? 고흐처럼 광기와 미망에서 헤어나지 못한 영혼이 또 있을까요? 누구보다 주님을 사랑하면서도 끝내 권총으로 자신의 생을 마감할 수밖에 없었던 그의 최후를 직면하는 일은 확실히 고통스럽습니다.

그러나 고흐의 그 모진 아픔과 이 시대 우리들의 상처가 만나는 그 공감의 자리에서 우리는 또 한 번 주님이 베푸시는 참된 치유의 신비를 체험하게 되리라 믿습니다.

기일인 오늘 그의 자화상 앞에 삼가 보라색 아이리스 한 송이를 바칩니다.

n번 참가자들

어릴 적 우리는 동네 공터나 골목길에서 무수히 죽었습니다.

금을 밟아도 죽고, 피구를 하다 공에 맞아도 죽고, 고무줄놀이를 하다 발이 걸려도 죽었습니다. 외국에서는 〈실격〉 혹은 〈퇴장〉이라는 뜻으로 〈아웃〉이라고 하는데 우리는 그걸 굳이 〈죽었다〉고 합니다. K 드라마인 〈오징어 게임〉이 피 터지는 〈데스 게임〉이 된 것도 우리의 그런 죽는 놀이와 무관해 보이지 않습니다.

지금 전 세계적으로 가장 핫한 〈오징어 게임〉이 출시 17일 만인 10월 4일 현재 넷플릭스 사상 최초로 1억1,100만 계정을 찍었다니 놀랍고 신기해 저도 지난 대체 공휴일 하루를 총 9부작 러닝 타임 8시간의 정주행에 모두 바쳤습니다.

〈무궁화 꽃이 피었습니다〉, 〈구슬치기〉, 〈달고나〉, 〈줄다리기〉 같은 꾀죄죄한 우리의 추억의 놀이들, 지난 세대야 날마다 하며 자랐지만 요즘 세대는 생소할뿐더러 10살만 넘어도 유치해서 절대 안 할 것 같은 놀이를 마지막 한 명이 남을 때까지 죽고 죽이는 서바이벌 방식으로 진행해 최후 승자가 456억원의 상금을 독식하는 〈머니 게임〉.

그렇다면 여기에 세계인들이 공감하며 몰입하는 이유는 뭘까요?

〈오징어 게임〉이야말로 인류가 지금 가장 고통스러워하는 문제를 은유적으로 까발리며 우화의 형식을 빌어 연출한 상황극이기 때문입니다. 즉 돈 때문에 서로 물고 뜯고 죽이는 처절하고도 극단적인 설정이 지금 우리가 사는 이 세상과 조금도 다르지 않다는 겁니다.

밑바닥에서 가장 비참한 삶을 살아가던 인생 실패자들이 어느 무인도에 마련된 거대한 게임장에 모여 1인당 1억원, 참가자 총 456명에 해당하는 456억원의 상금을 놓고 벌이는 생존 게임, 그런데 여느 서바이벌 게임처럼 격투기나 총칼을 쓰는 게 아니라 여기서는 우리가 어릴 때부터 해온 여러 놀이를 통해 서로를 죽입니다.

그러면서 드라마는 끊임없이 관객들에게 〈만약 나라면 저 상황에서 어떻게 했을까?〉라는 질문을 던지게 합니다.

이처럼 〈오징어 게임〉은 팍팍한 2021년 현재 지구촌의 모진 현실과 맞닿아 있습니다.

아니, 많은 사람들은 〈오징어 게임〉보다 현실이 더 처절한 무한 경쟁의 서바이벌 게임이고 더 치열한 약육강식의 정글 게임이라고 생각합니다. 실제 〈오징어 게임〉의 참가자들도 찬반 격론 끝에 그 죽음의 게임을 중단하고 일상으로 돌아가기도 하지만 결국은 세상이 훨씬 더 〈생지옥〉이라며 제 발로 다시 그 〈오징어 게임장〉을 찾습니다.

요즘은 기독교를 비웃고 조롱하는 반기독교적 정서가 대중문화 흥행의 필수 아이템입니다. 〈오징어 게임〉도 예외가 아닙니다.

아무런 개연성도 없이 생뚱맞게 불쑥 불쑥 기독교 비하와 희화화가 튀어나오곤 합니다.

극 초반 기훈(이정재 분)의 〈나 예수 안 믿어요. 우리 집은 불교니 나에게 예수 믿으라고 하지 마세요!〉로 시작해서, 244번 캐릭터는 다른 사람을 죽이고 자기가 살아남자 〈주님, 감사합니다!〉하고 고백합니다. 또 여성 참가자인 240번 지영은 자기 아버지가 어머니를 살해하고, 자신에게는 어릴 때부터 성폭력을 일삼았는데 〈목사였다〉고 말하며 목회자와 기독교인을 극악무도한 악인으로 묘사합니다. 문제는 기독교에 대한 이런 식의 이미지화가 최근 한국의 대중문화 콘텐츠의 소구력이 높아지면서 세계인들의 인식에도 부정적으로 고착될 가능성이 커졌다는 점에서 안타깝다는 겁니다. 그러나 이게 다 세상 사람들의 눈에 투영된 오늘 우리들의 모습이라는데 어쩌겠습니까.

그리고 또 하나 〈오징어 게임〉이 우리의 관심을 자극한 이유는 때마침 터진 〈대장동 게임〉 때문입니다.

〈오징어 게임〉과 〈대장동 게임〉은 둘 다 〈머니 게임〉이고, 〈데스 게임〉이라는 점에서 닮았습니다. 둘 다 설계자가 있고, 시행자, 진행 요원들이 있다는 점도 같습니다. 그러나 판돈에서는 456억의 〈오징어 게임〉이 조 단위까지 얘기되는 〈대장동 게임〉

에 잽이 안 됩니다. 그래서 사람들이 드라마보다 더 황당한 〈대장동 게임〉에 허탈해하고 비참해하는 것 같습니다. 이제는 몇 억, 몇 십억, 몇 백억에는 아무런 감동이 없습니다. 적어도 몇 천억, 몇 조원은 돼야 조금 관심을 보일까 말까입니다.

이런 게 바로 K 드라마인 〈오징어 게임〉의 세계적인 성공이 싫지 않으면서도 뭔가 뒤끝이 개운치 못한 이유이기도 합니다.

우리는 지금 어디로 가고 있는 것일까요?

이 암울한 팬데믹 시대에 우리는 하루하루 대체 어떤 선택을 강요받고 있는 것일까요?

너나 할 것 없이 우리 모두가 〈오징어 게임〉 앞에 서 있는 것은 아닌지...

이미 〈오징어 게임〉의 n번 참가자들은 아닌지...

참 두렵습니다.

흐르는 강물처럼

폭염과 열대야가 길게 이어지고 있습니다.

한창 휴가와 피서철인데도 〈코로나19〉 악화로 모두 발길이 묶여 몸도 마음도 많이 지친 요즘입니다.

그래서 오늘은 집에서도 즐길 수 있는 〈흐르는 강물〉같은 영화, 시원한 여름 휴가 같은 명화 한 편을 추천합니다.

큰 긴장감은 없지만 그동안 수차례 보고 또 본 저의 진정한 〈인생 영화〉입니다.

슬프거나 마음이 우울할 때 보면 힐링이 되는 영화, 내 곁에서 조근 조근 삶을 얘기해주는 듯한 영화, 가장 가까이에 있는 가족들에 대해 늘 소홀했던 자신을 돌아보게 하는 영화,

몇 번을 봐도 여전히 자연과 강을 배경으로 펼쳐지는 영상의 청량감이 뼛속까지 전해지는 듯한 영화입니다.

아카데미 촬영상을 받은 작품답게 미국 블랙풋 강의 풍광이 정말 숨막히도록 아름답고 시원합니다. 저는 플라이 낚시질의 몸

짓이 마치 예술처럼 느껴지는 영화의 포스터만 봐도 가슴이 툭 트이는 듯한 감동을 받습니다.

〈흐르는 강물처럼〉 인생도 시간도 내 사랑하는 가족이며 주변의 이웃도 다 그렇게 흘러갑니다. 마음이 헛헛할 때 제가 넷플릭스에서 꼭 이 〈인생 영화〉를 챙겨보는 이유입니다.

삶에 대한 통찰도 아주 담백하게 서정적으로 그리고 있을 뿐 아니라 가족 형제간의 우애도 전혀 과장 없이 진솔하게 마주대하고 있기 때문입니다.

영화는 〈나의 아버지는 목사이자 플라이 낚시꾼이었다〉는 첫째 아들 노먼의 내레이션으로 시작됩니다. 산악 지대를 따라 캐나다와 국경을 맞대고 있는 미국 북서부 몬태나 주의 어느 시골 마을, 장로교 목사인 리버런드 맥클레인은 스코틀랜드에서 미국으로 이민을 와 블랙풋 강가의 작은 마을에서 목회를 하며 아내와 노먼(클레이크 세퍼), 폴(브래드 피트) 두 아들을 키우며 지극히 소박하게 살아갑니다.

보수적이고 엄격한 맥클레인 목사는 두 아들을 학교에 보내지 않고 홈스쿨링을 통해 교육하는데 형인 노먼은 우리가 잘 아는 엄친아입니다. 아버지의 규칙과 신앙 규범을 잘 따르고 착실하게 순종하는 반면 동생인 폴은 다분히 반항적이고 자기의 주관이 뚜렷하고 또 언제나 자유 분방하여 형과는 결이 다른 삶을 살아갑니다.

그럼에도 아버지는 서로 다른 기질과 정서를 가진 두 아들의 개성을 인정하며 편애하지 않고 대합니다. 아버지는 늘 어린 형제를 강가로 데리고 가 플라이 낚시로 송어 잡는 법을 가르치는 데, 그럴 때마다 예수님의 제자 중에도 고기 낚는 어부가 많았다는 얘기와 함께 인생과 하나님의 말씀도 가르칩니다. 아이들도 강을 몹시 좋아해 아버지가 내주는 시와 작문 숙제만 끝나면 곧장 강가로 뛰어가 플라잉 낚시를 즐기곤 했습니다.

어느 날 강가 수풀에 나란히 누워 동생 폴이 물었습니다.

형은 커서 뭐가 될 거야?
목사, 아니면 권투선수! 넌?
플라이 낚시꾼!
그런 직업은 없어!

영화 〈흐르는 강물처럼〉은 시카고 대학의 문학교수였던 〈노먼 맥클레인〉의 자전소설을 1992년 전설적인 배우 출신의 〈로버트 레드포드〉 감독이 만든 작품입니다.

동생 〈폴〉을 연기한 〈브래드 피트〉는 볼수록 감독인 〈레드포드〉를 닮은 듯한데, 앳되기까지 한 그의 연기는 뭔가 가슴 한 켠을 몹시 아리게 합니다.

훗날 형 노먼은 아이비리그 대학에서 학위를 받고 시카고 대학의 교수로 초빙되지만 폴은 술과 담배, 도박에 빠져 살다 어느 날 총에 맞아 사망하면서 노먼의 가정을 그야말로 절망과 큰 슬픔에 빠뜨립니다.

영화는 아버지 맥클레인 목사가 죽은 폴을 생각하며 깊은 회한에 젖어 생애 마지막 설교를 하는 것으로 마무리됩니다.

우리는 누구나 한 번쯤 사랑하는 사람이 곤경에 처한 모습을 보며 뭘 어떻게 도와야할지를 몰라 안타까워하며 기도하게 됩니다. 꼭 도와야 하지만 제대로 도와주질 못합니다.
무엇을 줘야 옳은지도 모르지만 또 뭔가를 주려해도 그것을 거절당하기도 합니다.
그러나 이해하기 어려워도 받아들여야 합니다. 그리고 사랑해야 합니다.
우리는 그를 완벽하게 이해하지는 못하더라도 온전히 사랑할 수는 있습니다.

영화를 본 후에도 오래 가슴에 남는 말입니다.
영상 속의 아름다운 자연과 함께 다시 한 번 〈가족〉이 뭔지를 차분히 생각해 보시기 바랍니다.

꼰대와 라떼

저는 꼰대 목사입니다.

최근 30대 미혼 청년이 대한민국 제1 야당의 수장이 되는 순간부터는 사회적으로 문화적으로 더욱 꼰대가 된 느낌입니다.

얼마 전 영국 공영방송 BBC가 〈오늘의 단어〉로 한국어 〈꼰대〉(KKONDAE)를 소개하며 〈늘 자신이 옳다고 생각하는 나이든 사람〉(An older person who believes they are always right)이라는 해설과 함께 〈그리고 상대는 항상 틀리다〉(And you are always wrong)는 재치 있는 뒷담까지도 덧붙였습니다.

원래 〈꼰대〉란 권위적인 어른이나 선생님을 비하하는 은어였습니다.

꼰대들은 버럭 하는 감정 표현은 기본이고 반말까지도 서슴지 않습니다. 늘 나이 많은 걸 자랑하며 제 편리한대로 규범을 만들어 남에게도 그걸 강요합니다. 또 자기 말을 듣지 않으면 무례하다고 하고 툭하면 남을 훈계하며 군림하려 듭니다. 꼰대는 언제나 자기가 옳고, 자기 말이 진리라고 생각합니다. 그리고 위계와 서열을 사회의 가장 큰 가치와 미덕으로 여깁니다.

그럼에도 자기가 꼰대라는 사실을 모른다는 데 가장 큰 문제가 있습니다. 따라서 의식적이라기보다는 자기도 모르는 사이에 누군가에게 꼰대짓을 하며 사람들을 질리게 한다는 겁니다. 그렇게 되면 앞에서는 듣는 척하지만 결국은 모두 그 사람을 떠납니다. 그게 바로 너무도 빨리 변하는 세상에서 여전히 과거만을 고집하는 이 시대 꼰대들의 고독입니다.

또 꼰대를 조롱하는 〈라떼〉라는 말도 유행 중입니다.

물론 달달한 〈커피 라떼〉를 가리키는 게 아닙니다.

흔히 〈나 때는 말이야...〉를 접두사로 시작되는 꼰대들의 상투어에서 〈나 때...〉를 〈라떼〉로 치환해 이름 대신 〈조라떼〉 〈김라떼〉 〈이라떼〉라 부르며 꼰대들을 경멸하는 것입니다.

원래 〈라떼〉란 이태리어 본래의 의미처럼 따뜻하고 부드럽고 달콤한 음료여서 커피 라떼 외에도 요즘은 곡물 라떼, 고구마 라떼, 녹차 라떼 등 종류도 참 다양합니다. 저는 라떼보다도 샷 추가한 아메리카노를 더 즐기지만 최근에는 이 네거티브한 사회적 신조어를 상술에 접목한 〈꼰대 라떼〉까지 선보이며 인기를 얻고 있다니 참...

그런데 꼰대와 라떼는 사회뿐 아니라 교회에도 넘칩니다.

교회의 의사 결정권을 가진 목회자, 당회원, 총대들의 나이가 점점 더 높아지고 있습니다.

교회는 대의 정치를 표방하기에 이들이 곧 개교회, 노회, 총회, 교계 등에서 마치 국회의원과 같은 권한을 행사합니다.

고령자들의 경험이나 지혜도 좋지만 이제는 변화하는 시대에 부응해 젊은 세대들의 문제의식을 수용하는 일이 더 급해졌습니다. 경직된 정치권도 파격적인 세대교체를 통해 미래를 준비하는 마당에 교회라고 뒷짐만 지고 있을 수는 없습니다. 〈비록 나이는 들었지만 정신은 여전히 젊다〉는 식의 항변은 더 이상 통하지 않습니다. 〈나는 그래도 저 정도는 아니야!〉라는 착각도 금물입니다. 그렇게 방심하는 순간 누구나 진정한 〈꼰대〉와 〈라떼〉로 전락할 수 있습니다.

아니, 저의 이런 글조차도 〈조라떼〉 목사의 어줍잖은 〈꼰대 짓〉이 될지도 모를 일입니다.

부부의 세계, 우리의 세계

〈부부의 날〉(5월 21일) 〈부부의 세계〉를 봤습니다.

여기저기서 하도 떠들어 〈대단한가 보다〉는 했지만 드라마 취향이 아니라 한번을 안 봤는데 최종회를 앞두고 원작사라는 영국의 BBC와 일간지 가디언까지 신드롬이라며 거들고 나서 〈이게 뭐야!〉하며 전체 16화를 스킵해서 봤습니다.

박해준은 반성할 줄을 모르고 김희애는 잔인한 복수를 일삼고 한소희는 가해자인 듯 피해자인 듯 밉상과 울상을 넘나들더니 결국 박해준이 다시 김희애 주변을 맴돌고, 아들 준영은 도벽이 생길만큼 마음의 상처가 큰데 마침내 한소희가 박해준을 버립니다.

〈부부의 세계〉(원작은 '닥터 포스터')라는 멋대가리 없는 우리말 제목이 시사하는 바는 무엇일까요? 이 드라마는 단지 수많은 위기의 부부들에 대한 이야기일 뿐이라는 뜻일까요? 아니면 보통의 부부들도 단지 들키지만 않았을 뿐이지 다 치정과 배신을 숨긴 채 살아가고 있다는 이 시대 〈우리의 세계〉에 대한 고발일까요?

사람의 마음, 그것만큼 어려운 게 또 있을까요? 내 눈앞에 있어도 그 사람의 생각은 알 수가 없습니다. 생각을 알 수 없는데도 과연 내가 그 사람의 마음을 얻을 수 있을까요? 하루에도 몇 번씩 나를 떠올리게 하고 그의 일상 속에 파고들어가 그 마음속에서 과연 나의 지분을 넓힐 수 있을까요? 〈부부의 세계〉를 보고나면 누구나 이런 물음에 지극히 회의적일 수밖에 없습니다.

　한 때는 서로 미치도록 사랑했던 사람들도 이제는 서로를 증오하며 상대를 자기 인생에서 영원히 지우고 싶어 하는 오점 취급을 합니다. 드라마 〈부부의 세계〉는 서로의 믿음이 어긋나고 무너지면 삶이 곧 지옥이 될 수 있음을 보여주며 그동안의 모든 시간들이 다 부정당하는 고통과 혼란, 슬픔과 허탈을 얘기합니다.

　사실 부부란 원래 완전한 타인이었습니다. 그런데 결혼을 통해 서로를 알게 되고, 어느새 〈그 사람〉이 아닌 〈내가 누구보다도 잘 알고 있는 사람〉이 된 것입니다.

　문제는 그 다음부터입니다. 이미 상대에 대해 만들어진 나의 선입견과 편견이 그를 단정하고 함부로 재단합니다. 상대의 말과 행동과 생각들이 다 내 의식 속에서 나의 잣대에 의해 정의되고 판단되고 또 의미가 부여됩니다. 그 사람의 실제 마음보다도 언제나 내가 느끼는 상대의 마음이 더 중요합니다. 그런데 그 과정이 너무도 자연스럽고 교묘해서 우리는 흔히 그게 문제라는 사실조차도 자각하지 못한 채 오히려 어그러진 관계의 책임을 전적으로 상대에게 전가하며 삽니다.

파국을 피하려면 상대를 나의 예속물로 여기지 않고 한 인격으로, 그의 삶과 그의 마음과 고민과 슬픔, 고통, 걸어온 길, 가치관, 그가 지금 그리워하는 것들, 말하고 싶어 하는 것들, 가보고 싶어 하는 것들에 예민하게 반응하며 거기에 부응하고자 힘써야 합니다. 뭔가에 익숙해지는 순간부터 권태가 시작되고 관계가 방치되므로 매일매일을 조금은 더 낯설게 살아야 합니다.

사랑과 본질을 짚어내며 묵직한 울림을 남긴 마지막 회는 모두를 다시 출발선에 세우며 끝을 맺는데, 여기서 제가 드리고 싶은 〈부부의 세계〉 〈우리의 세계〉에 대한 영원한 해답은 역시 가장 고전적인 고린도전서 13장이라는 말씀.

사랑은 오래 참고 사랑은 온유하며 시기하지 아니하며 사랑은 자랑하지 아니하며 교만하지 아니하며 무례히 행하지 아니하며 자기의 유익을 구하지 아니하며 성내지 아니하며 악한 것을 생각하지 아니하며 모든 것을 참으며 모든 것을 믿으며 모든 것을 바라며 모든 것을 견디느니라(4-7).

보고 싶은 것만 보다

우리는 흔히 자신의 감정만큼은 진실하다고 생각합니다.

내 감정이 타인은 속일 수 있어도 자신은 속일 수 없다고 믿습니다.

그러나 현대 심리학은 꼭 그런 것도 아니라고 합니다. 인간의 감정은 가장 교묘한 방식으로 자기 자신마저도 속인다는 것입니다. 그래서 지금 내가 느끼고 있는 감정조차도 실은 얼마든지 〈가짜〉일 수 있다는 것입니다.

그게 어떻게 가능할까요? 답은 바로 〈확증 편향〉에 있습니다.

사람은 누구나 자기가 보고 싶어 하는 것만 보고, 듣고 싶어 하는 것만 듣고, 믿고 싶어 하는 것만 믿습니다. 이걸 심리학에서 〈확증 편향〉(Confirmation bias)이라고 하는데, 똑같은 사물이나 사건을 보고, 똑같은 사람의 말을 듣지만 사람마다 그 보고 들은 것이 같지 않습니다. 각자 자기가 듣고 싶은 소리, 자기가 받아들이고 싶은 부분만을 수용하기 때문에 해석도 다 아전인수식입니다.

1960년대 이 용어를 처음 쓴 영국 런던 대학의 심리학자 왓슨(Peter Cathcart Wason) 교수는 확증 편향을 〈진실 여부가 불확실한 가설을 일방적으로 강화하는 심리 현상〉이라고 정의했습니다.

그렇습니다. 확증 편향자는 자신의 신념과 기대에 부합하는 정보나 지식은 기꺼이 수용하여 확대 재생산하지만 기대에 어긋나거나 자신의 신념에 반한 정보와 지식은 그게 아무리 객관적이고 올바르다 해도 가차 없이 배척하고 무슨 이유를 갖다 붙여서라도 그걸 기어이 경멸합니다.

그런 의미에서 확증 편향은 일종의 자기기만입니다. 사람들은 저마다 다른 색안경을 끼고 세상을 보며 오직 자신의 안경 너머로 보이는 세상만을 인정할 뿐입니다. 그러면서도 자신은 절대 색안경을 끼고 있지 않다고 믿으며 자기야말로 가장 공정한 맨눈으로 세상을 보고 있다고 확신합니다. 문제는 이런 확증 편향이 우리의 무의식 속 깊은 곳에 숨어 암암리에 우리 모두를 지배하며 나의 가치관과 판단, 해석과 선택, 신앙까지도 조종하고 있다는 것입니다.

지금 우리 사회에서 가장 크게 문제가 되는 것은 바로 정치적, 이념적 확증 편향입니다.

우리나라 여야 정당들은 모두 은밀하게 때로는 노골적으로 이 확증 편향을 부추기며 프레임 효과를 극대화 합니다. 그 결과 정책이나 생산적인 토론은 실종되고 늘 어리석은 색깔론이나 이념 논쟁만 격화되는데 언론들은 이런 소모적인 싸움을 중재하거나 말리기는커녕 오히려 더 부추깁니다. 그래서 상생의 정치는 사라지고 오직 〈적과 동지〉, 〈우리와 그들〉이라는 진영 논리만 남아 〈우리〉는 무조건 옳고, 〈그들〉은 무조건 틀린 족속으로 치부하는데 지금의 이념 갈등, 젠더 갈등, 세대 갈등, 종교 갈등 등이 다 이런 비합리적이고도 무의식적인 확증 편향에서 온 것들입니다.

우리 사회에서 발생하는 굵직굵직한 사건들 중심에 늘 교회가 등장하는 모습도 이제는 더 이상 낯설지 않습니다. 툭하면 목사가 뉴스를 장식해 차마 고개를 들 수 없을 만큼 절망스러울 때도 있습니다. 매일 성경을 읽고 기도하고 예배를 드린다는 사람들이 왜 이렇게 점점 더 나쁜 사람들이 되어 갈까요?

늘 듣는 성경 말씀과 기도로 자신이 정말 좋은 사람이 된 양 착각하여 자기 검열의 고삐를 놓친 탓 아닐까요? 그래서 신자들은 각자 이마에 커다란 뿔을 하나씩 달고 살면서도 정작 자기들만은 그걸 모르는 가장 우스꽝스런 모습으로 변해가고 있는 것 같습니다.

제발 종교적 〈확증 편향〉에 갇히지 마시고, 이를 경계하는 바울의 말씀에 다시 한 번 귀를 기울입시다.

〈너희가 믿음에 있는 가 너희 자신을 시험하고 너희 자신을 확증하라〉(고후 13:5).

감옥에 울려퍼진 〈피가로의 결혼〉

 지난 어린이 날 오후 넷플릭스에서 〈쇼생크 탈출〉을 봤습니다.
 그간 열 번도 더 본 듯한 영화를 또 봤습니다. 누구나 자신의
〈인생 영화〉로도 삼을 만한 〈쇼생크 탈출〉은 모건 프리먼이 연기
한 〈레드〉라는 고참 재소자의 내레이션으로 전개됩니다. 그는 무
엇이든 사제 물건을 구해주고 수수료를 챙기는 교도소 내 터줏대
감으로 〈앤디〉(팀 로빈스)가 부인 살해 누명을 쓰고 쇼생크에 입소
했을 때는 이미 20년째 복역중이었습니다.
 앤디는 은행 간부 경력과 영민한 두뇌로 아주 조금씩 자신
의 존재감을 드러내는데 어느 날 건물 옥상 바닥에 타르를 칠하
는 사역을 하다 교도관 중 가장 잔혹한 해들러의 세금 얘기를 듣
습니다. 즉 자기의 백만장자 동생이 죽으면서 남긴 유산 3만 5천
달러의 세금 문제로 골치를 앓고 있다는 것이었습니다.
 앤디는 그 교도관에게 다가가 뜬금없이 〈당신은 부인을 믿으
십니까?〉라는 도발적인 질문을 던지고, 그 말에 열 받은 해들러
는 당장 죽여버리겠다며 앤디의 멱살을 잡고 옥상 난간으로 밀어

붙이는데 그 위기의 순간에도 앤디는 〈부인에게 그 유산을 증여하면 세금 전액을 면제받을 수 있다〉며 복잡한 서류작업은 자기가 처리해 줄테니 대신 지금 여기서 일하고 있는 동료들에게 맥주 3병씩만 제공해 달라고 합니다. 그날 레드를 비롯한 앤디의 동료 재소자들은 5월의 따뜻한 햇볕 아래서 얼음 통에 담긴 시원한 맥주를 마시며 꿈같은 자유를 만끽합니다.

그러나 레드의 눈에는 앤디야말로 언제나 위험한 사람이었습니다. 교도소에서 평생을 살아가야 하는 재소자들은 부질없는 희망보다 절망에 더 익숙해져야 하고, 기대보다 체념을 배워야 하는데 앤디는 자유를 꿈꾸고 묘한 미소를 띠며 늘 희망을 품고 사는 듯 보였기 때문입니다. 앤디는 노튼 소장이 부정하게 긁어모은 돈도 깨끗이 세탁해주고, 또 그걸 크게 불려줍니다. 대신 소장은 앤디에게 여러 가지 편의와 특혜를 베풀며 마치 자신의 개인 비서처럼 부립니다.

어느 날 교도소의 각종 도서자료를 정리하던 앤디가 모차르트의 〈피가로의 결혼〉 LP판 한 장을 발견하고는 교도소장의 방에 들어가 안으로 문을 잠근 채 축음기에 판을 올려놓습니다. 그리고 교도소 전체로 나가는 방송 스위치를 켭니다. 그러자 쇠창살로 둘러쳐진 회색 담장 안에 갑자기 유명한 아리아 〈저녁 산들바람 부드럽게〉가 소프라노의 청아한 목소리에 실려 교도소 구석구석까지 울려퍼졌습니다.

순간 쇼생크의 모든 죄수들이 멈춰서서 그 음악에 귀를 기울이며 거의 충격에 가까운 감동을 받는데, 그 대목에 대한 레드의 내레이션은 이렇습니다.

> 노래가 아름다웠다. 말로 표현할 수가 없었다. 그래서 가슴이
> 아팠다. 꿈에서도 생각할 수 없는... 높은 곳에서 아름다운 새
> 들이 날아가는 것 같았다. 교도소의 벽들도 무너지고 그 짧은
> 순간 쇼생크는 모두 자유를 느꼈다.

앤디의 마지막 탈옥은 희망과 자유를 가장 압축적으로 보여줍니다. 그는 똥과 오물로 범벅이 된 450m의 좁은 오수관을 기고 또 기어 그가 그토록 염원했던 자유의 공간에 도달합니다. 많은 사람들이 영화의 그 탈옥 장면에서 깊은 인상을 받는 것은 세상을 살다보면 누구나 한 번쯤은 그렇게 길고 어두운 오수관을 기어가는 경험을 하게 되기 때문일 것입니다.

그렇습니다. 다른 방법은 없습니다. 입을 꽉 다물고 악취를 견뎌가며 끝까지 기어가는 수밖에 없습니다. 그 고통스런 과정마저도 내 인생의 한 부분으로 받아들이며 끝까지 기는 겁니다.

오수관에서 필사적으로 빠져나온 앤디가 드디어 어둠 속에서 양팔을 벌린 채 쏟아지는 장대비를 맞으며 자유를 만끽합니다.

부디 우리도 하루 속히 이 팬데믹의 어둡고 긴 오수관을 빠져나가 〈앤디〉처럼 답답한 마스크를 벗어던지고 하늘을 향해 맘껏 자유를 심호흡하게 되길 빕니다.

장마와 지하 교회

장마가 시작됐습니다.

지난 주 수요일부터 전국이 장마권에 들었다고 합니다.

매년 이렇게 장마가 닥치면 우리 교회는 한바탕 습기와의 전쟁이 벌어집니다. 제습기를 틀고, 구석구석에 〈물 먹는 하마〉를 배치하고, 탈취제와 〈곰팡이 제로〉를 한 아름씩 사다 뿌리며 음습한 곰팡내와 싸워야 합니다. 지하 교회의 숙명 같은 이 눅눅하고 퀴퀴한 냄새야말로 반지하 혹은 지하에서 살아본 사람만이 아는 실로 고단한 삶의 애환입니다.

〈기생충〉이란 영화도 〈냄새〉라는 모티브가 영화 전체의 흐름을 주도합니다. 사실은 저도 평소 냄새에 좀 예민한 편입니다. 교회가 지하고, 30년 가까이 된 상가라 그 묵은 세월만큼이나 켜켜이 쌓인 냄새에 나도 모르는 사이 익숙해져 그게 혹 내 일상의 냄새가 되어버린 건 아닐까 하는 불안 때문이겠지만, 〈기생충〉의 박 사장의 경우는 거의 병적입니다.

〈무슨 냄새라고는 잘 설명할 수 없지만 지하철 타는 사람들에게서 나는 그 이상한 냄새〉라는 그의 말은 영화 〈기생충〉이 곧 〈냄새 사회학〉임을 선언한 것입니다. 하여간 처음부터 끝까지 냄새가 영화 속 공기를 지배하며 지상과 지하, 흙수저와 금수저를 규정하고, 백수네와 IT 기업 박 사장네를 성격화 합니다. 그런 의미에서 〈기생충〉은 〈공간〉의 얘기기도 하지만 결국은 〈냄새〉의 얘깁니다.

가진 자는 못 가진 자를 그들의 몸에서 나는 냄새로 판단하고 가능하면 자신의 삶으로부터 멀리 소외시키려 합니다. 흔히 사람들은 좋은 냄새가 나는 사람과는 같이 있고 싶어 하지만 냄새가 별로인 사람과는 되도록이면 거리를 두고 싶어 합니다. 공간도 마찬가집니다. 기왕이면 향기가 나는 공간에 더 오래 머물고 싶어 합니다. 그래서 지금은 〈향기 마케팅〉이 거의 보편화되었습니다. 제가 자주 드나드는 판교 교보문고는 브랜드의 시그니쳐 향기를 개발해 고객들이 매장에 들어서는 순간부터 그 향기 속에서 책을 고르고 구매하게 합니다. 냄새는 인간이 생산하는 가장 원초적인 체취인데 문제는 그 냄새를 통제하는 방식입니다. 가진 자는 자신의 냄새를 통제할 수 있지만 못 가진 자는 냄새를 제대로 관리하지 못합니다. 그래서 냄새를 통제할 수 있는 사람은 교양이 있고, 문명화된 존재지만 냄새를 통제할 수 없는 사람은 가난하고 저급한 하류층에 놓이고 마는 것입니다.

독일에서 10년을 살며 겪었던 유쾌하지 못한 경험 중에는 〈냄새의 추억〉도 있습니다.

동양인들, 특히 한국인에게서 많이 난다는 마늘 냄새에 얼굴을 찡그리며 버스, 지하철, 전철 등에서 슬금슬금 자리를 피하던 사람들 때문에 느꼈던 심한 모멸감은 아직도 잊혀지지가 않습니다.

솔직히 영화 〈기생충〉을 보고나서도 여러 날 찝찝하고 불편했던 것은 영화 속의 주 무대인 〈지하〉와 주요 메타포인 〈냄새〉가 자꾸만 우리 교회와 오버랩 되면서 영화와 객석 사이의 경계를 넘어 스멀스멀 내게로 기어오는 듯한 곰팡내에 뭐랄까, 〈기생충〉이 냉소적으로 스캔한 지하 계급의 풍경과 지하 교회의 적나라한 모습을 죄다 들킨 기분...?

〈기생충〉은 한국 사회, 한국 교회의 양극화의 〈초상〉이자 지하 인생, 지하 교회에 대한 〈은유〉입니다.

엄혹한 세월

〈코로나19〉가 세상을 온통 뒤집어 놓았습니다.

이제 우리에게 〈코로나19〉 이전의 삶이란 없습니다.

2020년 초 홀연히 닥친 〈코로나19〉가 그 가공할 침습력 만큼이나 빠르게 지구촌을 패닉에 빠뜨렸습니다.

심지어는 신앙생활이나 예배조차도 자칫 남에게 가해 행위가 될 수 있음을 확인하는 요즘입니다.

원래 〈거리 두기〉니 〈마스크〉 등은 다 〈불통〉, 〈고립〉, 〈경계〉와 〈소외〉의 상징 같은 것이었는데 이제는 오히려 이런 것들이 이웃과의 관계를 소중히 여기고 남을 배려하는 사랑의 실천, 생명을 지키고 공동체를 보호하는 필수 아이템이 되었습니다.

교회에 대한 우리 사회의 시선은 여전히 따갑고 지금도 계속 터져 나오고 있는 교회의 집단 감염은 개신교에 대한 사회적 반감을 더 증폭시키고 있는 게 사실입니다. 그것은 이웃의 생명과 안전을 담보로 하는 이기적 신앙 행태는 용납할 수 없다는 비난입니다. 따라서 이제 우리는 더 이상 신앙을 당연한 것으로 여길 수 없게 되었습니다. 교회생활도 예전 같이 그저 습관처럼 할 수 없게 되었고, 심지어는 기침이나 재채기 같은 생리현상 마저도 자칫 이웃을 치명적으로 해칠 수 있다는 사실을 깨닫게 되었습니다.

역설적으로 〈코로나19〉는 지금 우리 시대, 우리 사회의 문제점 들을 적나라하게 까발리고 있습니다. 자연과 환경 파괴가 결국은 어떤 결과를 초래하는지, 경제성장, 물질적 풍요, 이기적 개인주의를 바탕으로 이룩한 서방 선진 사회의 실상이 어떤 것인지, 신뢰와 배려가 없는 사회야말로 팬데믹 같은 위기 앞에서 얼마나 허약하고 분열적인지, 참된 희망과 위로와 용기를 주지 못하는 종교와 신앙이야말로 범사회적 재앙 앞에서 얼마나 무력하고 모순적인지, 제대로 된 리더십을 갖지 못한 사회와 공동체는 〈코로나19〉 같은 국가적 위기가 닥쳤을 때 얼마나 지리멸렬하는가를 똑똑히 보고 처절하게 배우게 된 것입니다.

사실 우리 믿는 사람들은 〈사회적 거리두기〉에 앞서 〈세상과의 거리두기〉, 이웃과 더불어 살기 전에 〈하나님 앞에 홀로서기〉를 더 먼저 실천해야 옳은 사람들입니다. 〈거룩한 삶〉이란 곧 세상, 세속과의 〈구별된 삶〉을 뜻하지 않습니까?

그럼에도 우리는 예배의 참의미와 그 소중함을 깨닫기 위해 이제 거기서 한 발 더 나아가야 합니다. 우리의 일상적인 삶이 곧 예배고 기도고 감사의 찬양이어야 한다는 것입니다.

예배가 우리에게 주는 위로와 힘, 기쁨과 용기를 더 확장하기 위해서는 우리의 삶이 곧 예배가 되어야 마땅하다는 것입니다.

주님의 안식일 파괴(눅 6:1-10)는 안식일을 부정하신 게 아니라 안식일의 지평을 평일에까지 확장하심으로써 안식일 뿐 아니라 평일에도 안식일처럼 거룩하게 살라는 메시지에 다름 아니었습니다. 또한 예루살렘 성전을 허물라(요 2:19)고 하신 것도 성전을 부정하신 것이 아니라 성전의 지평을 온 세상으로 확대하신 것이었습니다.

이 코로나 시대에는 만인이 사제가 되어 각자의 삶의 자리에서 하나님을 예배하고 기도하고 찬송해야 합니다.

앞으로도 우리는 계속 코로나의 변종과 함께 살아야 합니다. 따라서 이런 코로나 시대의 예배법에 보다 능동적으로 적응할 필요가 있습니다.

사실 인류의 모든 감염병은 그간 일방적으로 당해온 자연의 보복이자 응징이라는 주장은 결코 틀린 말이 아닙니다. 코로나 바이러스도 인간의 이기심과 왜곡된 욕망을 숙주로 전파되고 있음이 분명하잖습니까.

그런 의미에서 〈코로나19〉야 말로 우리의 그런 삶의 방식이 이제 더는 지속 가능하지 않다는 하나님의 최후 경고가 아닐까요?

영혼의 자서전

〈영혼의 자서전〉은 그리스의 작가 〈니코스 카잔차키스〉의 말년 작품입니다.

세상에 큰 충격을 던진 그의 소설 중에는 어떤 현실에도 굴하지 않는 원시적 힘을 가진 사나이 〈희랍인 조르바〉가 있고, 또 온갖 유혹 속에서도 끝까지 자신을 지켜낸 인간 예수의 〈최후의 유혹〉이 있는데, 이 둘은 서로 전혀 다른 얘기 같지만 실은 하나로 엮여 있습니다. 그것은 무수한 고난과 좌절, 그리고 절망 앞에서도 결코 무너지지 않는 인간에 대한 갈망입니다.

카잔차키스는 일찍이 사도 바울이 선교하여 교회를 세우고, 사랑하는 제자 〈디도〉로 하여금 거기서 목회하게 했을 뿐 아니라 신약성경 디도서의 수신지이기도 했던 지중해의 아름다운 섬 크레타에서 태어났습니다. 〈영혼의 자서전〉은 그런 그가 자신을 어떻게 일구고 뜨겁게 단련했는지를 잘 말해주고 있습니다. 뿐만 아니라 이 작품은 〈자서전〉이 얼마나 문학적이고 철학적일 수 있는지도 확인하게 해 줍니다.

어린 시절 그의 아버지는 폭우로 온 마을의 포도밭이 다 떠내려가 모두가 비통해 할 때도 〈우리는 여전히 남아 있잖니!〉하고 말합니다. 카잔차키스는 이런 아버지의 모습이 자신이 살아가며 어려움에 부딪칠 때마다 평생 큰 버팀목이 되었다고 밝힙니다. 또한 그는 생명의 철학자 베르그송과 인간의 초월적 책임을 일깨우면서도 내면에 잠재된 위대한 힘을 이끌어 낸 니체의 제자를 자처하기도 합니다.

그는 젊은 시절 스스로에게 이렇게 다짐했습니다.

목표를 향해 나가라. 멈추거나 소리를 지르지 마라. 너에게는 한계점에 다다를 때까지 걸어가야 할 의무가 있다. 그 한계점이 무엇이든지 너는 오직 앞을 향해 나아가야 한다.

그렇게 그는 평생을 고독과 우울함과 좌절에 맞서 격투를 벌이다 1957년 겨울 74세를 일기로 생을 마감했습니다. 백혈병에 독감까지 찾아와 결국 세상을 떠난 것입니다. 그의 묘비에는 생전에 그 자신이 준비한 이런 글귀가 새겨져 있습니다.

나는 아무것도 바라지 않는다. 나는 아무것도 두려워하지 않는다. 나는 자유다.

인간이란 삼엄하거나 가파른 산을 끝까지 등정하는 일과 또 사랑하고 용서하는 일을 하나로 통합할 수 있어야 합니다. 그런데 그토록 치열한 현실 속에서도 그 영혼이 거칠어지거나 무자비해지지 않는 존재의 아름다움을 과시하는 게 바로 니코스 카잔차키스의 〈영혼의 자서전〉입니다.

우리는 올해도 무수한 싸움을 치르며 여기까지 왔습니다.
때로 치고받는 일에 몰두하느라 사랑을 잃었고, 사정이 다급하다는 핑계로 절차를 무시하는 억지를 부리기도 했습니다. 카잔차키스가 〈영혼의 자서전〉에서 무수히 던졌던 질문처럼 우리도 이제 자신에게 물어봅시다.
나의 2019년은 과연 어땠는지, 버거운 여러 일들을 겪으면서 포기하거나 멈추고 싶다는 생각은 하지 않았는지, 기도며 말씀을 가까이 하는 일에는 태만하지 않았는지, 내가 살겠다고 남을 해친 일은 없었는지... 스스로 묻지 않으면 영영 그냥 넘어가고 말 대답들을 꼭 한 번쯤 듣고 확인하실 수 있길 권합니다.

우리는 아무리 좋던 것도 변하는 내 삶 안에서는 어느새 천천히 나를 갉아먹고 있다는 사실을 가던 길을 멈추고 나서야 비로소 알게 됩니다. 또 전혀 좋다고 생각지 못하던 것도 어느새 나를 성숙하게 하는 축복이라는 사실도 그때 비로소 깨닫게 됩니다.
그래서 연말에는 온갖 시끄러운 바깥 소리보다는 오히려 자기 내면의 이야기와 성령의 내밀한 음성을 듣는 편이 내게는 훨씬 더 이롭습니다. 이를테면 각자가 자신의 〈영혼의 자서전〉을 써 보시라는 겁니다.

한여름에 찾아 온 샤갈

시인 김춘수는 샤갈을 〈눈 내리는 마을〉에서 만났지만, 저는 초복이었던 지난 화요일, 〈러브 앤 라이프〉展에서 만났습니다.

예술의 전당 한가람 미술관에서 열린 이번 전시회는 모두 샤갈 자신과 그의 딸 이다가 이스라엘 국립 미술관에 기증한 작품들로 구성됐는데, 원색의 눈부신 회화뿐 아니라 판화, 삽화, 스테인드글라스 등 샤갈 예술의 다양한 장르를 한꺼번에 접할 수 있어서 그의 종합 예술가로서의 면모와 사랑과 순수한 열망, 굴곡진 삶의 여정까지도 두루 조망할 수 있어서 좋았던 것 같습니다.

흔히 그는 색의 마술사라 불릴 만큼 강렬하고도 몽환적인 채색의 달인으로 피카소와 함께 20세기 최고의 화가로 평가되는데 이번에는 그의 또 다른 면인 무채색의 동판화와 에칭도 많이 선보여 그의 판화가로서의 자질도 충분히 확인할 수 있었던 것 같습니다. 더구나 성서의 다양한 동판 삽화를 통해 신앙의 깊이까지도 헤아릴 수 있어서 그의 작품 이해에 정말 많은 도움이 됐습니다.

특히 전시실에 재현해놓은 스테인드글라스는 샤갈이 예루살렘의 유대교 회당에 구현한 작품으로 12개의 창문에 이스라엘 12지파를 묘사한 것입니다.

성경이 말씀하는 각 지파의 특색에다 자신의 유년 시절의 기억들과 당나귀, 비둘기, 올리브 나무와 와인 잔 등을 조합해 소박하고도 우아할 뿐 아니라 세상을 따스하게 바라 본 샤갈의 눈빛이 그대로 투영된 듯해 감동이 컸습니다.

샤갈처럼 자유로운 영혼도 없습니다.

그는 러시아계 유대인입니다.

현재는 벨라루스인 러시아 제국 비테프스크에서 태어나 상트 페테르부르크 왕실 미술학교에서 그림을 공부하고, 프랑스로 유학을 떠나는데 파리에서는 피카소와 입체파의 영향을 많이 받습니다. 그럼에도 그는 결국 자신만의 독창적인 회화 세계인 초현실주의의 거장이 됩니다. 그의 작품들은 형태와 공간에 대한 기상천외한 상상력으로 마치 천진한 어린아이의 생각처럼 환상적이고, 공중에 붕붕 떠다니고, 집과 사람이 깃발처럼 펄럭일 만큼 몽환적입니다.

또한 깊은 종교적 내면과 경건성, 시적인 서정성까지도 느끼게 할 뿐 아니라 언제나 머릿속에 남아 있는 고향에 대한 추억과 유대교 신앙에 대한 뿌리, 꿈과 희망과 사랑 등을 합성해 그만의 예술적 상징으로 캔버스를 가득 채웁니다.

얼마 전 북미 정상회담 때 김정은 위원장이 묵었던 싱가포르

세인트레지스 호텔 프레지덴셜 스위트룸의 벽에도 샤갈의 그림이 걸려있었습니다. 방안을 비춘 TV 카메라에 살짝 잡힌 그 그림을 제가 제대로 봤다면 그건 샤갈의 1949년 작품 〈연인들과 꽃〉이었고, 진품일 가능성이 높습니다. 원래 싱가포르 세인트레지스 호텔은 컬렉션으로 유명한 곳인데 샤갈뿐 아니라 피카소, 후안 미로, 페르난도 보테로의 작품도 다수 보유한 호텔로 이름이 나 있습니다. 저는 김위원장이 묵은 스위트룸의 하루 숙박비가 1만 2천 달러라고 해서 입이 쩍 벌어졌는데, 벽에 걸린 그 샤갈의 그림을 보고나서는 그럴 만도 하겠다는 생각이 들었습니다. 당시 김정은은 큰 꽃다발 아래 두 연인이 부둥켜안고 있는 샤갈의 그 작품을 보며 과연 무슨 생각을 했을까요? 아니, 자기 방에 걸린 수백억짜리 샤갈의 진품을 알기나 했을라나...

9월 하순까집니다. 이스라엘에서 공수해온 펄럭이는 샤갈의 작품들로 이 여름 무더위를 시원하게 날려버리십시오.

⟨너를 찌르는 것은 칼이 아니라 너의 과거다⟩

알렉상드로 뒤마의 소설 ⟨몬테 크리스토 백작⟩에 나오는 주인공 에드몽 당테스의 유명한 말입니다. 지난 날 자기가 뱉은 말들과 행위가 부메랑이 되어 결국은 다시 자신을 찌르는 칼끝이 된다는 뜻입니다.

1815년 프랑스 마르세이유 항구에 오랜 항해를 마친 범선 한 척이 들어섰습니다.

이제 겨우 스무 살 쯤 돼 보이는 일등 항해사 에드몽 당테스가 그 입항을 지휘하고 있었고, 사람들은 온갖 진기한 물건과 사연을 싣고 돌아온 그 배를 맞기 위해 항구로 모여들었습니다. 이번 항해는 대단히 성공적이었고, 당테스는 선주의 인정을 받아 일약 선장으로 승진될 행운까지도 붙잡게 되었습니다.

그러나 그를 시기하는 사람들의 눈초리가 그의 승승장구를 용납하지 않습니다.

반역의 음모를 씌워 졸지에 악명 높은 감옥 샤도디프에 갇히

게 한 것입니다.

당테스는 그곳에서 탈출을 꿈꾸며 은밀히 벽을 파고 있던 늙은 신부 파리아를 만나 결국 투옥 14년 만에 탈옥에 성공합니다. 그리고 파리아 신부가 일러준 섬 몬테 크리스토(그리스도의 산)에 들어가 막대한 보물을 찾아내 거부가 되고, 〈몬테 크리스토 백작〉이라는 이름으로 다시 고향 마르세이유로 돌아옵니다.

사랑과 나폴레옹 시대의 프랑스 역사가 서로 얽히면서 통쾌한 복수극으로 전개될 법 했던 이 소설은 뜻밖에도 놀라운 반전으로 끝을 맺습니다. 한 때 선장과 선주를 꿈꿨던 에드몽 당테스가 복수의 허망함과 사랑 앞에서의 진실에 대한 깨달음을 얻고는 그 모든 원한과 아픔, 그리고 허탈감을 뒤로 하고 그 마르세이유를 떠납니다.

모든 것을 오직 힘과 칼로 해결하던 시대에 당테스는 그 깊은 원한의 사슬을 끊고, 모두가 새롭게 출발할 수 있는 인간적 진실을 선택한 셈입니다.

복음서에 나오는 주님의 모습도 그렇습니다.

변절한 제자가 나타나 스승에게 입을 맞추며 신호를 보내자 무장한 하수인들이 달려들어 마치 강도를 잡듯 주님을 결박했습니다. 제자들은 당황하여 어쩔 줄을 몰라 했고, 베드로는 칼을 뽑아 주님을 포박하는 대제사장의 종 말고의 귀를 내리쳤습니다.

그것은 막다른 골목에 내몰린 자의 실존적인 저항이자 무고

한 스승을 지키려는 한 제자의 충정이었습니다. 그럼에도 주님의 말씀이 뜻밖입니다.

> 그 칼을 도로 칼집에 꽂으라 칼을 쓰는 자는 다 칼로 망하느니라(마 26:52).

주님은 억울하고 불법하게 체포되는 그 마지막 순간까지도 평소 자신의 소신과 상반되는 방법으로 자기 방위를 꾀하시지 않았고, 심지어는 거룩한 투쟁, 혹은 진리의 수호자처럼 빼든 제자의 칼마저도 허용하지 않으셨습니다. 이것은 이에는 이, 눈에는 눈이라는 정당방위의 논리를 떠나 오리를 가자면 십리를 가고, 겉옷을 달라면 속옷까지 주고, 오른뺨을 때리면 왼뺨까지 돌려대라는, 그리고 마침내는 원수까지도 용서하고 사랑하라는 자신의 신념을 죽는 순간까지도 철저하게 관철했음을 뜻합니다.

생각해 보십시오. 만약 주님이 그 마지막 순간 자기를 수호하기 위해 칼을 썼다면, 베드로가 빼든 칼을 용인하셨다면 어떻게 됐을까요?

기독교는 벌써 이 세상에서 자취를 감췄거나 아니면 성서적 기독교의 정체성을 잃고 완전히 변질되었을 것이며, 또 역사는 그만큼 더 참혹한 피 흘림으로 점철되었을 것입니다.

〈칼을 쓰는 자는 칼로 망하느니라〉. 이게 바로 칼의 비극이고 칼의 악순환입니다.

한 번 칼을 뽑아 피를 묻힌 사람은 언제나 그 칼을 들고 있어야 합니다.

칼에 희생된 사람들의 칼의 보복이 두렵기 때문입니다. 그럼에도 우리는 너무 쉽게 칼을 뽑는 습성에 젖어 있습니다. 어쩌면 지금 우리 사회와 정치권 대부분의 불안이 바로 이 피 묻은 칼을 다시 칼집에 꽂지 못하는데 있는지도 모릅니다.

그리고 그게 제가 요즘 보복의 악순환을 끊고 마르세이유를 떠난 에드몽 당테스의 뒷모습을 자주 떠올리는 진정한 이유입니다.

고 김광석 22주기에 부쳐

김광석 22주기(1월6일)인 이 1월이 다 가기 전에 저라도 추모의 글 한 줄이나마 남기고 싶습니다.

작년에는 그의 사인과 관련 민형사 소송이 벌어지고 타살 의혹을 제기하는 영화까지 개봉되면서 참 시끄러웠고, 외동딸 서연 양마저도 이미 지난 2007년에 사망했다는 사실이 확인되면서 사람들이 큰 충격에 빠지더니만 올해는 왠지 방송에서도, 신문에서도 추모행사나 그의 22주기와 관련한 보도나 기사를 거의 보지 못한 것 같습니다.

영화 〈공동경비구역 JSA〉에서 북한군 장교로 분한 송강호가 남한의 군인들과 어울려 〈집 떠나와 열차 타고 훈련소에 가던 날...〉로 시작되는 김광석의 〈이등병의 편지〉를 듣다 말고 〈광석이 갸는 와 길게 일찍 갔네?!〉하고 슬픈 표정을 짓던 장면이 기억납니다.

김광석은 애조 띤 목소리와 아무런 꾸밈없이 마치 말하듯 다

가오는 가사로, 그리고 소박한 풍경화와도 같은 곡들로 한 시대의 눈물과 추억과 사랑을 일깨우며 수많은 젊은이들의 가슴을 촉촉이 적셨던 가객이었습니다.

가장 서민적인 얼굴에 전혀 전문적이거나 상업적이지 않았던 가수, 그의 목소리는 마치 자신의 슬픔을 꼭꼭 씹어 때로는 절제하며 때로는 거침없이 세상을 향해 한을 내뿜는듯한 순수함과 진솔함이 있어 좋았습니다.

그의 노래는 듣는 이로 하여금 눈물이 나게 합니다.

그의 기타 선율, 노래 한 소절, 한 소절, 호흡 하나하나에는 깊은 슬픔이 배어 있습니다.

저는 지금도 그의 노래를 들으면 가슴 깊은 곳에 숨어 있던 눈물이 조금씩 새어 나옵니다.

그의 노래 가운데서 제가 개인적으로 가장 좋아하는 〈내 사람이여〉는 이렇습니다.

내가 너의 어둠을 밝혀 줄 수 있다면

빛 하나 가진 작은 별이 되어도 좋겠네

너 가는 길마다 함께 다니며 너의 길을 비추겠네

내가 너의 아픔을 만져 줄 수 있다면

이름 없는 들의 꽃이 되어도 좋겠네

음 눈물이 고인 너의 눈 속에 슬픈 춤으로 흔들리겠네

그럴 수 있다면 그럴 수 있다면

내 가난한 살과 영혼을 모두 주고 싶네

그의 이런 노래를 듣고 있노라면 아, 인생을 좀 더 맑게 살아야겠구나, 좀 더 따뜻한 가슴으로 살아야겠구나, 이 세상에는 아직도 우리가 사랑하고 위해야 할 것들이 많은데... 하는 생각이 절로 납니다.

그렇습니다. 그가 우리 곁에 있을 때는 그 어떤 가난한 청춘도 결코 남루하거나 비루하지 않았고, 그가 한 시대의 아픔을 어루만지며 상처 받고 비틀거리는 영혼들을 위로할 때는 우리 모두가 척박한 세월이나마 그래도 살만하다고 느꼈더랬습니다.

〈내 사람이여〉에는 이런 대목도 있습니다.

내가 너의 사랑이 될 수 있다면
이름 없는 한 마리 새가 되어도 좋겠네
너의 새벽을 날아다니며 내 가진 시를 들려주겠네
...
내 사람이여, 내 사람이여
너무 멀리 서 있는 내 사람이여

그대, 지금도 어느 겨울 산 나무 아래 바람으로 지나는가?
어느 도심의 거리에 눈발로 흩날리는가?
그대는 충분히 아름다운 사람이었고, 이후로도 오래 그리운 사람으로 남을지니 이제 편안히 쉬게나...

인물
어머니와 짜장면

예쁜 치매

　세상에서 가장 슬픈 병, 날마다 조금씩 소중한 추억과 사랑하는 사람들을 기억에서 지워가는 병, 그리고 마침내는 자신과도 점점 멀어지는 고약한 병.
　치매는 누구도 발병 이전으로 돌아갈 수 없는 비가역적인 병이어서 무섭고 또 희망이 없습니다. 아직 치료제조차 없고, 다만 비약물이나 혹은 약물 처방으로 다소 그 진행을 늦추고 조금이라도 그 증상을 완화할 수만 있다면 그것으로 족할 뿐인 병입니다.

　흔히 사람들은 치매를 〈예쁜 치매〉와 〈미운 치매〉, 〈착한 치매〉와 〈나쁜 치매〉로 구분합니다.
　젊은 시절 전전두엽을 충분히 사용하고 좋은 경험을 많이 축적한 사람은 순하고 〈예쁜 치매〉로 가고, 나쁜 기억들이 많고 늘 불안정한 환경에서 지낸 사람들은 화를 잘 내고 툭하면 공격적인 성향을 보이는 〈미운 치매〉로 간다고들 합니다. 즉 같은 치매라도 환자 본인도 덜 망가지고, 가족들에게도 피해나 부담을 덜 주면 그건 〈예쁜 치매〉, 그 반대의 경우면 〈미운 치매〉라는 것입니다.

그러나 어차피 나이든 사람들이 가장 두려워하며 피하고 싶어 하는 불치병인데 〈예쁘거나 밉고〉 〈착하거나 나쁘다〉는 분류가 무슨 의미가 있을까 싶지만 그래도 권 권사님의 경우 아직은 전자이신 것 같습니다. 좋은 경험이나 좋은 환경과는 거리가 먼 고되고도 험난한 길을 살아오셨지만 매사에 긍정적이신 성격과 믿음 덕분인지 아직은 예쁘고 착한 수준을 유지하고 계십니다.

권사님은 지금도 매일 새벽 3:30 칼처럼 일어나셔서 무릎을 꿇고(관절에 무리가 가니 그냥 앉아서 기도하시라고 권해도 소용없습니다) 교회와 성도들을 위해, 자식들 손주들을 위해 꼭 1시간 반 동안 기도하십니다. 평소 누구보다도 강인하셨고, 홀로 지내시는 데도 익숙하셔서 외로움 따위는 모르고 사시는 분처럼 보이셨을 뿐 아니라 늘 〈성경 읽고 기도하는데 뭐가 심심해?〉 하셨던 분이셨지만 이제는 하루하루 눈에 띄게 시들어 가고 계십니다.

그래도 저는 〈늙으면 다 그렇지!〉라는 말로 퉁치며 권 권사님의 치매기를 정말 인정하고 싶지 않았는데 이제는 꼼짝없이 사실로 받아들일 수밖에 없는 단계까지 온 것 같습니다.

뭐든 꼭꼭 갈무리를 하십니다.

마치 두 번 다시 쓸 일이 없다는 듯 깊이 숨기시고 그걸 다시 찾는 일을 날마다 반복하십니다. 어느 샌가 동네 산책도 귀찮아하시며 제 강요에 못 이겨 겨우 30-40분 집 주위를 서성대다 오시는 게 거의 유일한 외부활동이십니다.

좀 전에 물었던 것을 처음인 듯 돌아서서 다시 묻는 일은 다반사고, 창문을 열려고도 않지만 열린 문은 강박적으로 다시 닫곤 하십니다. 컴컴한 방안에서 혼자 TV를 보시는 게 유일한 낙이 되셨고, TV 출연자들이 하는 말을 자기에게 하는 말로 착각하시며 TV와 대화를 많이 하시기도 합니다.

작년에 개봉한 영화 〈더 파더〉(플로리앙 젤러 감독)는 너무도 충격적인 치매 영화입니다.

안소니 홉킨스가 아카데미 남우주연상을 받은 영화로 치매 환자의 혼란과 흔들리는 시선을 놓치지 않고 끝까지 따라간 감독의 연출이 가히 독보적입니다.

치매에 걸린 아버지는 애처롭고 이를 대하는 딸(올리비아 콜맨)은 안타깝습니다.

함께 살 수도, 안 살 수도 없는 노릇입니다.

그 영화는 치매에 걸린 아버지의 모습, 그리고 그로 인해 고통 받는 가족들의 모습을 가장 현실적으로 묘사합니다.

너무도 사랑하지만 미워하게 되는, 미워하고 싶지만 또 그럴 수도 없는 아버지를 향한 가족들의 시선은 따뜻하면서도 또 몹시 차갑고 냉정합니다.

〈내 잎사귀가 다 지는 것 같아. 무슨 일이 벌어지는지 도통 모르겠어〉하며 어린아이처럼 울음을 터뜨리는 아버지의 모습을 보며 관객들은 다 가슴이 무너져 내립니다.

결국 요양원으로 향하는 아버지, 영화의 엔딩은 요양원 밖의 따사로운 햇살과 푸른 나무를 비춰주며 끝을 맺습니다.

오늘도 현관 열쇠를 잃어버리고 벌써 몇 시간째 찾고 계시는 권 권사님을 보면서 시간도 공간도 가족도 사람도 모두 헝클어져 뒤죽박죽이 된 현실 앞에서 몹시 혼란스러워 하던 영화 〈더 파더〉의 안소니 홉킨스가 생각나 괴로웠고, 또 이 모든 진행 과정을 빤히 지켜보면서도 마땅히 손 쓸 방법이 없다는 게 더욱 마음을 무겁게 하는 주말입니다.

여든 여섯, 저로서는 여전히 안타까운 연세이신 권 권사님을 위해 기도해 주실 것을 부탁드립니다.

안녕히 가십시오!

지난주 토요일(3일) 오후 용산의 삼일교회에서 열린 〈웨슬리 웬트워스 선교사 환송예배〉에 참석하고 돌아왔습니다.

제가 웨슬리 선교사님을 처음 만난 건 1989년 가을 장신대에서였습니다. 어떤 목사님의 소개를 받았다며 광장동 장신대로 저를 직접 찾아오셔서 영문서적 한 권과 번역서 2권을 건네시며 신학생들에게 꼭 소개해 달라고 하셨고, 주로 기독교 세계관, 역사관에 관한 말씀을 하시며 자신의 연락처까지 또박또박 적어주셨습니다.

그때가 마침 점심시간이라 제가 학교 앞 식당으로 모시려하자 굳이 구내식당에서 학생들과 함께 드시겠다고 해 그렇게 소박한 점심 한 끼를 같이 했는데, 그 후 1995년 제가 푸른교회를 시작할 때도 창립예배에 참석해 주셨습니다.

선교사님은 올해 87세시고, 우리나라에서만 57년을 자비량 선교사로 가장 낮은 자리에서 사역하신 진정한 기독 지성인이시

자 주님의 참 제자셨습니다.

지난 3일 마지막 인사를 하기 위해 단상에 서신 선교사님의 모습은 늘 소박하고 검소하고 진솔하셨던 모습 그대로였습니다. 낡고 두툼한 수첩을 넣은 오른쪽 윗주머니는 한쪽으로 축쳐졌고, 오래되어 색 바래고 헤어진 회색 가디건도 늘어질대로 늘어진 모습이어서 몇 년 전 홍대 근처 IVP 사무실을 찾아가 잠시 뵀을 때 오래된 컴퓨터와 헌책 박스 위에 3단 매트를 펴고 생활하시는 걸 보고 놀란 적이 있는데 그때가 생각나 왈칵 눈물이 솟구쳤습니다.

선교사님은 〈내가 지금 치매 초기라 매우 잘 잊어버린다. 이해해 달라. 우리가 하는 모든 일에서 하나님의 부르심에 대한 감각을 더욱 키우자〉고 하셨고, 이어 〈나의 모든 단점까지도 용서하고 너그러이 받아 준 여러분들에게 진심으로 감사드린다〉며 〈내 정신이 허락하는 날까지 결코 잊지 않고 대한민국과 여러분들의 사역을 위해 기도하겠다〉고 하셨습니다.

나그네로 이 땅에 와서 온몸으로, 전 생애를 바쳐 복음을 전하고 다시 나그네로 이 땅을 떠나는 벽안의 노선교사님의 눈에 눈물이 가득 고였고, 저도 그분의 그런 모습을 그날 처음 뵀습니다.

웨슬리 웬트워스 선교사님은 1935년 7월 31일 미국 매사추세츠 주 노샘프턴에서 출생하셨고, 고등학교 시절에는 야구, 농구, 풋볼 등 3가지 종목에서 학교 대표 선수로 활약할 만큼 뛰어난 재능을 보였는데, 버지니아 공대 시절 IVF를 통해 주님을 영접하고 버지니아 공대에서 석사를 마친 후 엔지니어로 일하다 1965

년 4월 한국에 대한 미국 정부의 원조 프로젝트에 자원, 입국하여 서울시의 상하수도 시설 설계에 참여하면서 한국에서의 생활과 평신도 자비량 선교 사역을 시작했는데 평생을 독신으로 지내며 오직 한국의 기독교 지성, 기독교 학문, 기독교 세계관과 역사관 정립을 위해서 헌신하신 분입니다.

제가 느낀 그분의 신앙은 전형적인 미국의 개혁주의 영성, 청교도 영성이셨습니다.

어디에서도 튀는 법 없이 늘 조용히 기도하고 일관되게 생각하고 또 집요하게 일하셨습니다. 독신이셨지만 그러나 수도원주의나 신비주의와는 거리가 먼 분이었습니다. 제 눈에 그분은 늘지나칠 정도로 근검절약하셨습니다. 그러면서 항상 주님께 순종하려는 의지가 강하셨고, 타국에서 엔지니어로 일하며 결코 적지 않은 돈을 벌었을 텐데도 그 모든 수입을 문서 선교비로 쓰며 자신의 사생활을 기꺼이 희생하신 분입니다. 그래서 그분이 가진 최대 장점인 설득력은 절대 말에 있지 않고 그 고매한 인품과 삶에 있었습니다.

특히 우리나라 신자들 가운데는 신앙에 열심을 내면서도 자신의 공부나 전공, 연구 등이 신앙과 어떤 관련이 있는지를 모르거나 아예 생각해보지 않은 사람들이 많습니다. 선교사님은 바로 그런 사람들의 정신과 영혼을 일깨우며 신선한 변화를 일으킨 조용한 기적의 주인공입니다. 그래서 아는 사람들은 그를 〈한국 교회 지식인들의 멘토요 대부〉라고 합니다. 그를 통해 수많은 열매가 맺히고 또 새가 깃들일 만큼의 수풀이 조성됐기 때문입니다.

부끄러워하지 않고 기꺼이 그의 제자임을 밝히는 한국의 크리스천 교수의 숫자가 현재 3, 4백 명에 이른다는 사실 하나 만으로도 그분은 한 알의 밀알이 땅에 떨어져 죽으면(요 12:24) 어떤 기적이 일어나는지를 생생하게 보여준 분입니다.

척박한 이 땅에 평생 기독교 문서운동, 지성 운동의 씨앗을 뿌리신 진정한 복음의 선구자,

이제 그분은 이 땅을 떠나지만 앞으로는 우리가 그분의 필생의 비전과 유산을 잘 간직하고 길이 계승해야 합니다.

우리나라 사람들이 추석을 맞아 고향을 찾아가듯 선교사님도 추석 연휴 첫날이었던 바로 어제(9일) 이 땅에서 보낸 57년간의 긴 나그네 생활을 접고 미국으로 영구 귀국하셨습니다.

고마웠습니다. 안녕히 가십시오!

소향

CCM 가수 출신의 소향이 지난해에 이어 올해도 세계적인 보컬 비평 사이트인 〈크리틱 오브 뮤직〉(Critic of Music)의 최고 등급인 S(star)를 받았습니다.

가수면서도 자신의 곡 하나 없이 역대 세계 최고의 보컬들인 아레사 프랭클린, 머라이어 캐리, 마이클 잭슨, 휘트니 휴스턴, 비욘세 등과 함께 S등급을 받은 6명 중 하나라는 사실이 그저 놀랍기만 합니다.

너무 비현실적이어서 잘 실감이 나지 않지만 대중적인 인기도와는 별개로 전 세계 가수들의 음악성만을 냉정하게 평가하기로 유명한 〈크리틱 오브 뮤직〉은 대한민국의 가수 소향에게 S등급을 부여하며 이런 평을 달았습니다.

〈누구도 범접하기 어려운 기술적 능력을 기복 없이 보여주며 음정의 정확도와 고음의 밸런스가 가히 최고 기량인 황금 기준에 부합하므로 의심할 바 없는 S등급의 보컬〉이라고 했습니다.

〈크리틱 오브 뮤직〉의 평가가 얼마나 인색하고 박한지는 대중들에게 최고란 평을 듣는 〈셀린 디온〉조차도 S등급보다 2단계나 낮은 A-를 받을 정도니 말 다했잖습니까? 참고로 S등급 바로 아래인 A+에는 레이디가가와 핑크 같은 보컬이 자리했습니다.

하기야 그동안 그래미상 수상자를 여럿 배출하고 특히 오랫동안 마이클 잭슨의 보컬을 지도했던 보컬 트레이너 〈세스 릭스〉도 소향은 자기가 아는 한 〈미국의 벽을 넘을 수 있는 유일한 동양인 가수〉라고 했을 정도입니다.

소향은 확실히 전문가들과 대중들에게 공히 인정받는 결코 흔치 않은 가수 중 하납니다.

아무리 가수라 해도 초고음을 내는 일은 결코 쉽지 않을 터, 더구나 억지로 짜내는 고음이 아니라 자연스러운 진성 고음을 낸다는 것은 분명 특별한 달란트를 가진 자만이 가능한 능력일 것입니다. 소향의 최고음은 가성 고음이 아니라 다양한 음색을 가진 진성 고음의 진수입니다.

저는 개인적으로 머라이어 캐리보다 휘트니 휴스턴이 노래를 더 잘 한다고 생각하는데, 소향은 바로 그 휘트니 휴스턴 급이라고 믿습니다. 소향이 휘트니 휴스턴의 〈I have nothing〉을 잘 커버했기 때문만은 아닙니다. 음역대만 놓고 보자면 차라리 소향이 휘트니 휴스턴보다 더 높습니다. 더구나 휘트니 휴스턴은 고음역대로 갈수록 음이 두꺼워지는 경향이 있는 반면 소향은 일정한 톤으로 초고음역대에 도달할 뿐 아니라 거기서도 섬세한 감성을 부여하며 호소력을 극대화 합니다. 숱한 해외 보컬 트레이너들이 감탄을 금치 못하고 때로는 눈물까지 흘리며 극찬하는 부분도 바로 그 지점이지만 저 역시도 그런 능력이야말로 아무나 흉내 내기 어려운 소향만의 고유한 영역이라 여겨집니다.

브리트니 스피어스의 전속 보컬 코치이자 유명한 작곡가인 칼럼 스캇(Calum Scott)은 소향의 이 극고음역대의 감성을 평가하며 〈지구촌 최고의 가수〉라 했고, 〈미쳤다!〉고까지 했습니다. 또 흔히 세계 3대 보컬이라는 셀린 디온, 휘트니, 머라이어 캐리의 수많은 메가 히트곡을 작곡한 〈데이빗 포스터〉는 소향이 〈나가수〉에서 커버한 자신의 곡 〈I have nothing〉을 듣고 어렵게 수소문하여 미국으로 초청 자기의 30주년 기념 콘서트의 메인 보컬을 맡기기도 했습니다.

소향은 친정도, 시댁도 다 목회자 가정입니다.

친정 아버지는 전라도 광주에서 목회한 김경동 목사, 시아버지는 장로교인 〈큰믿음선교교회〉의 담임목사며 소향이 보컬을 맡고 있는 CCM 밴드 〈Pos〉도 리더인 남편과 시동생, 시누이로 구성된 가족 찬양단입니다.

소향 역시 휘트니 휴스턴처럼 어릴 때부터 교회 성가대에서 찬양을 하다 작곡가인 조환곤 전도사에게 발탁되어 CCM 활동에 참여하게 된 케이스입니다.

소향은 경희대 불어불문학과 출신이지만 영어에도 능하고, 중국어, 심지어는 신약성경의 원어인 헬라어에 대한 이해도 있어

지금도 원문을 비교해가며 성경공부를 한다고 간증한 적이 있습니다.

현재 그가 속한 CCM 밴드 〈Pos〉는 헬라어로 〈빛〉이란 뜻입니다. 부디 주님 주신 소중한 달란트로 온 지구촌을 비추는 밝고 따뜻한 〈빛〉, 진정한 세계적 아티스트가 되길 진심으로 기원합니다.

하얼빈

총구를 고정시키는 일은 언제나 불가능했다. 총을 쥔 자가 살
아 있는 인간이므로 총구는 늘 흔들린다.
오른손 검지 손가락 둘째 마디가 방아쇠를 직후방으로 당겼다.
손가락은 저절로 움직였다.
총의 반동을 손아귀로 제어하면서 다시 쏘고, 또 쏠 때, 안중
근은 이토의 몸에 확실히 박히는 실탄의 추진력을 느꼈다. 가
늠쇠 너머에서 비틀거리는 이토의 모습이 꿈속처럼 보였다.
하얼빈 역은 적막했다.(166면)

이달 3일에 나온, 아직도 따끈따끈한 김훈의 장편소설 〈하얼
빈〉을 손에 넣었습니다.
서점가에 깔리는 족족 동이나 조금은 어렵게 구한 책인데 단
숨에 읽었습니다.

김훈의 〈칼의 노래〉가 명장 이순신이 이룩한 업적보다는 인간 이순신의 요동하는 내면세계를 묘사했다면, 〈하얼빈〉은 안중근에게 드리워진 영웅의 신화를 걷어내고 가장 뜨겁고 혼란스런 전율로 가득했을 그의 생애 마지막 일주일을 치열하게 재구성한 작품입니다.

안중근의 빛나는 청춘을 소설로 써보려는 것은 내 고단한 청춘의 소망이었다. 나는 밥벌이를 하는 틈틈이 자료와 기록들을 찾아보았고, 이토 히로부미의 생애의 족적을 찾아 일본의 여러 곳을 들여다보기도 했다. 그러나 원고를 시작도 하지 못한 채 늙었다.
나는 안중근의 짧은 생애가 뿜어내는 에너지를 감당하지 못했고, 그 일을 잊어버리려 애쓰면서 세월을 보냈다. 굳이 변명을 하자면 게으름을 부린 게 아니라 엄두가 나지 않아 뭉개고 있었던 것이다.
…
여생의 시간을 생각했다. 더 이상 미루어 둘 수가 없다는 절박함이 벼락처럼 나를 때렸다. 바로 다시 시작했다. 나는 안중근의 '대의'보다는 실탄 일곱 발과 여비 백 루블을 지니고 블라디보스토크에서 하얼빈으로 향하는 그의 가난과 청춘에 관해 말하려 했다. (후기인 '작가의 말' 중에서)

그래서 〈하얼빈〉은 단순하게 요약되기 쉬운 실존 인물의 삶을 역사적인 기록보다 오히려 더 치열한 문학적 상상력으로 직조해놓습니다.

소설 속에서는 이토 히로부미로 상징되는 거센 제국주의의 물결과 안중근으로 상징되는 조선 청년의 순수한 열정이 서로 맞부딪치고, 요인 암살이라는 한 인간의 대의와 살인은 중죄라는 인간사의 보편윤리가 서로 맞부딪치고, 천주교인으로서의 안중근의 신앙과 세속적 인간이 지닌 증오심이 서로 맞부딪칩니다.

그럼에도 다양하게 벌어지는 그 복합적인 갈등들을 날렵하게 다뤄내며 독자들로 하여금 안중근을 바라보는 시야를 한 차원 더 높여주고 있는 〈하얼빈〉은 작가 김훈의 또 다른 대표작이라 불러도 모자람이 없을 듯합니다.

오직 동양의 평화를 위해 이토를 저격하며 자신의 희생을 불사했지만 한 집안의 장남이자 한 가정의 가장으로서, 더욱이 천주교에서 세례를 받은 기독교 신자라는 정체성으로 인해 힘들어하며 수시로 머뭇거리는 그의 모습이야말로 그동안은 우리가 미처 알지 못했던 낯선 장면들이었습니다.

소설에는 안중근과 이토의 갈등만큼이나 치열한 또 하나의 대치 국면이 전개됩니다. 안중근에게 세례를 베푼 빌렘 신부와 조선 천주교회를 총괄했던 명동성당의 뮈텔 주교사이의 긴장입니다. 사형선고를 받은 안중근이 죽음을 앞두고 하느님께 자신의 죄를 자백하는 고해성사를 원하는데 빌렘 신부는 이에 적극 응하고자 하나 뮈텔 주교는 반대합니다. 이제 겨우 자리를 잡은 조선 천주교의 뿌리가 다시 흔들릴 것을 우려했기 때문이었습니다. 안중근과 마찬가지로 빌렘은 뮈텔의 권위에 굴하지 않고 자신의 신념에 따라 안중근을 만나기 위해 기어이 감옥으로 향합니다.

김훈이 그린 안중근은 희망이 보이지 않는 시대를 살며 자신의 온몸으로 길을 헤집고 나아간 사람입니다. 그런데 당시 안중근이 부딪혔던 그 숱한 벽들이 그로부터 백여 년이 지난 지금도 여전히 건재한 것 같습니다. 청년들은 보이지 않는 길을 찾아 악전고투하고 있고, 때로는 시류와 타협하며 자신의 신념을 포기한 체 살아가기도 합니다. 그러기에 거대한 세상에 홀로 맞서 싸웠던 안중근의 생애가 새삼 시대를 뛰어넘는 공감과 감탄을 자아내게 하는지도 모르겠습니다.

작가가 〈독자에게 보내는 편지〉라며 책갈피에 꽂아 보낸 엽서에는 이렇게 적혀 있었습니다.

> ... 안중근은 살인의 죄명으로 처형당했지만, 나는 그가 신앙하는 평화와 정의의 하느님이 그의 영혼을 안아 거두었을 것이라 믿는다.
> 나는 그렇게 기도한다.
> 안중근은 서른한 살에 죽었다.

광복 77돌을 맞아 〈평화〉를 외쳤던 청년 안중근의 절규를 다시 한 번 깊이 되새겨 봅시다.

교수님의 편지

··· 네가 벌써 67세라니 믿어지지가 않아. 뱃속 나이까지 친다는 한국 나이로는 68세가 아니냐. 안네(Anne - 부인)와 네 귀국 직전에 찍은 사진(아마도 1988년 봄일 게다.)을 꺼내놓고 당시만 해도 여전히 앳돼 보였던 네 모습을 보며 도무지 68세 노인의 모습이 겹쳐지지가 않아 조금은 혼란스러워 했단다.

시간이 벌써 그렇게 많이 흘렀다는 걸 너를 생각하며 다시 한번 실감하게 되는구나.

사랑하는 내 아들아(Mein geliebter Sohn),

교회 공동체가 네 은퇴를 허락했고, 네가 소속된 상급 기관의 승인만을 남겨두고 있다니 참 잘 됐다. 그동안 공동체 돌보는 일과 메시지 준비에 매달려 네가 좋아하는 독서며 글쓰기, 미술관 관람 등에 시간 내기가 어려웠을 텐데 이제부터는 마음껏 읽고, 쓰고, 여행하며 미뤄온 과제들을 열심히 하렴.

매번 은퇴 이후라며 미루던 독일 여행은 빨리 결심했으면 좋겠다. 내년 여름이 어떻겠니? 함께 저 북해 슈트랄준트 (Stralsund)에 있는 내 별장(Villa)에 가서 2주만 쉬었다 오자구나 (네가 원하면 한 달도 가능하겠지만 아마도 안네가 힘들어 할 거다).

거기서 Vier-Türme-Verlag(출판사)에서 내기로 한 내 책 신학적 현상학(Theologische Phänomenologie)을 꼭 네가 한 번 교정을 봐줬으면 좋겠다.

지난 2년간 컴퓨터로 작업을 해서 현재 476면을 완성했고, 나의 옛 조수인 슐츠(Schulz) 박사가 한 차례 교정을 봐서 이제는 서문과 후기와 색인 작업만을 남겨두고 있는데, 이 메일과 함께 원고 전체를 보낼테니 네가 한국에서 꼭 한 번 읽고 왔으면 좋겠다(전반적인 평가와 함께 특히 3장과 4장에 대한 소감도 듣고 싶다만 과연 네게 시간이 허락될지…).

나는 그동안 네가 한국 여행을 초청할 때마다 사양했다만 너의 독일 여행은 진심으로 환영하며 내년에 꼭 성사되길 기도하마. 나도 안네도 이젠 예전 같지가 않아 장거리 여행이 쉽지 않단다. 어쩌면 내년 너와의 여름휴가가 마지막이 될지도 모르겠구나.

…

나는 40년 전 왜소하고 김나지움(고등학교) 학생처럼 어려보이기까지 한데다 독일어도 서툰 한 동양인이 내 세미나에 참석해 열정과 기발한 학문적 상상력으로 덩치 크고 턱수염 난 독일인 학생들에게 자극과 큰 도전을 안겼던 널 지금도 생생하게 기억하고 있다.

...

안네는 해마다 5월이면 감사의 달이라며 네가 보내준 손편지
며 이메일들을 출력해서 다 네 자료철에 소중하게 보관하고
있단다. ...

헤르만 뎀보브스키(Hermann Dembowski) 교수님은 독일 본 대
학교 신학부에서 정년퇴직을 하시고 은퇴 후에는 〈쾨닉스빈터〉
(Königswinter)라는 아름다운 라인 강변의 숲속 마을에서 살고 계신
데 올해 91세, 부인인 안네는 89세이십니다.

교수님은 저의 석사학위(Magister) 논문 지도교수로 언제나 따
뜻하고 너무도 인간적인 분이어서 제계는 가장 소중한 인생 멘토
이시기도 한 분입니다.

위의 편지는 스승의 날이었던 지난 주일 오후 제가 보낸 이메
일에 답문을 주신 내용인데 교수님의 소박함과 진솔함이 그대로
느껴지는 몇 부분을 발췌해서 소개했습니다.

헌팅턴비치에 가면 네가 있을까

네가 간 길을 지금 내가 간다.
그곳은 아마도 너도 나도 모르는 영혼의 길일 것이다.
그것은 하나님의 것이지 우리의 것이 아니다.

단 세 문장으로 된 이어령의 유고 시집 〈헌팅턴비치에 가면 네가 있을까〉의 서문입니다.

지난 달 26일 89세를 일기로 세상을 떠나기 불과 나흘 전 출판사에 전화를 걸어 불러준 단아하고도 짧은 머리말.

원래 이 시집은 먼저 천국으로 떠난 딸 이민아 목사의 10주기인 3월 15일에 맞춰 출간을 준비했던 것으로 그동안 표지와 구성 등 책의 엮음새를 고인 스스로가 다 챙길 만큼 공을 들여왔는데, 결국은 세상을 떠난 후에야 나오게 되어 유고집이 된 것입니다.

우리 시대의 지성이자 스승이었던 이어령의 슬프고도 아름다운 이별의 마침표입니다.

그렇습니다. 이어령은 날카롭고도 단호한 시선으로 세계와 시대를 꿰뚫어 본 명쾌한 비평가였지만 또 이 세상과 사람을 긍정하며 진정으로 사랑했던 시인이기도 했습니다.

그는 원래 무신론자였습니다. 그러나 사랑하는 딸 이민아 목사의 간곡한 권유로 70이 훌쩍 넘은 나이에 세례를 받고 그리스도인이 됐는데, 1년 만에 판매부수 30만 권을 넘긴 〈지성에서 영성으로〉(2010)는 그런 그의 기독교 신앙 입문기로 지식인 이어령이 그리스도인 이어령으로 거듭나는 참회론적 메시지를 담고 있습니다.

그 책에서도 이어령은 〈사랑하는 내 딸아 너의 기도가 나로 하여금 높은 불신의 문지방을 넘게 했구나〉라고 고백했는데, 장녀인 이민아 목사는 이대 영문과를 3년 만에 조기 졸업하고 미국으로 건너가 헤이스팅스 로스쿨에서 학위와 변호사 자격을 취득한 후 캘리포니아주 검사로 임용돼 2002년까지 재직합니다. 그러나 2009년 목사 안수를 받은 후에는 미국, 아프리카, 남미, 중국 등지를 다니며 마약과 술에 빠진 청소년들을 구제하는 사역에 헌신하는데 그 사이 그녀는 실로 모진 시련을 겪습니다. 버클리대를 졸업한 꽃다운 25세의 첫째 아들의 돌연사와 본인의 실명 위기, 갑상선암 진단, 암 재발, 둘째 아들의 자폐증, 그러다 다시 위암 진단으로 투병하다 결국 2012년 53세로 세상을 떠나는데 정말이지 그녀의 삶과 생애는 한 편의 슬픈 영화이자 극적인 드라마와도 같습니다.

이어령의 유고 시집 제4부는 10년 전 그렇게 세상을 먼저 떠난 딸에 대한 사무치는 그리움으로 가득 채워져 있습니다. 모든 시편에서 딸을 잃은 〈아버지 이어령〉의 고통과 사랑이 절절히 묻어납니다.

헌팅턴비치에 가면 네가 살던 집이 있을까
네가 돌아와 차고 문을 열던 소리를 들을 수 있을까
네가 운전하며 달리던 가로수 길이 거기 있을까
…
헌팅턴비치에 가면 네가 있을까
아침마다 작은 갯벌에 오던 바닷새들이 거기 있을까

〈헌팅턴비치〉는 생전 딸이 살던 미국 캘리포니아의 작은 바닷가 도시입니다.

죽도록 보고 싶지만 고통 없는 곳에서 행복하게 살고 있을 딸이기에 이젠 그리움을 내려놔야지 하면서도 끝내 놓지 못하는 아버지의 마음에 가슴이 먹먹해집니다.

아무것도 해줄 수 없다
네가 혼자 긴 겨울밤을 그리도 아파하는데
나는 코를 골며 잤나보다
내 살 내 뼈를 나눠준 몸이라지만

어떻게 하나 허파에 물이 차 답답하다는데
한 호흡의 입김도 널 위해 나눠줄 수 없으니
널 위해 눈물을 흘려도
저 유리창에 흐르는 빗방울과 무엇이 다르랴
민아야, 미안하다 정말 미안하다
내가 살아서 혼자 밥을 먹고 있는 것이
미안하다 민아야
너무 미안하다(살아 있는 게 정말 미안하다)

자식을 먼저 보낸 아비의 심정을 누가 감히 다 헤아릴 수 있을까요?
딸과 아버지,
이제는 헌팅턴비치보다 더 아름다운 천국의 생명수 강가에서 함께 산책하고 있겠죠?

뒤러의 〈기도하는 손〉

독일인들은 흔히 〈문학은 괴테, 음악은 바흐, 그림은 뒤러〉라고 합니다.

독일 출신의 미술 사학자 〈에르빈 파노프스키〉는 〈좀 과장해 말한다면 독일인들은 미켈란젤로에다 피카소를 얹어준다 해도 뒤러와 바꾸지 않을 것이라〉고 했습니다.

실제 합스부르크가의 황제 카를 5세가 미켈란젤로에게 꼭 이루고 싶은 소원이 있다면 말해보라고 했을 때 놀랍게도 그는 이렇게 답했습니다.

〈제가 이 세상에서 가장 부러운 사람은 뒤러입니다. 저한테 황제의 자리를 준다면 도망치겠지만...〉 그렇다면 신이 내린 조각가라는 미켈란젤로가 황제의 자리도 마다하며 꼭 되고 싶어 했다는 뒤러는 대체 어떤 사람이었을까요?

독일 르네상스 회화의 완성자, 독일 미술의 아버지, 독일 미술사의 시성이라는 〈알브레히트 뒤러〉(Albrecht Duerer, 1471-1528)는 독일 남부 뉘른베르크 출신의 화가입니다.

그는 특히 목판, 동판, 수채화에서 뛰어난 독창성을 보였고, 성경을 주제로 한 성화도 많이 남겼는데 〈요한의 묵시록〉이라는 15점의 목판화 연작은 판화 사상 가장 위대한 걸작으로 꼽힙니다.

지금은 물론 유로화지만 제가 독일에 있을 때 사용했던 화폐 5마르크와 20마르크 지폐에도 뒤러의 작품이 도안돼 있었을 만큼 뒤러야말로 독일인들이 가장 사랑하는 진정한 국민 화가였습니다. 우리에게 잘 알려진 그의 작품으로는 섬세한 수채화인 〈산토끼〉(1502), 〈아담과 이브〉(1507) 그리고 그의 대표작처럼 유명한 〈기도하는 손〉(1508) 등이 있습니다.

그런데 특히 〈기도하는 손〉은 그의 아름다운 우정과 믿음에 관한 얘기가 깃들어 있어 더욱 감동적입니다. 뒤러와 그의 고향 친구 〈프란츠〉(Franz Knigstein)는 한 마을에서 함께 자라며 그림을 그렸던 단짝이었습니다. 그러나 그들은 너무 가난했기 때문에 제대로 된 그림 공부를 할 수 없었습니다. 어느 날 프란츠가 극적인 제안을 합니다. 〈내가 열심히 일해 네 학비와 생활비를 보낼테니 너는 미술학교에 가라. 그리고 훗날 네가 화가가 되어 돈을 벌면 그때는 내 미술 공부를 네가 도와 주렴!〉

1508년 친구의 도움으로 공부를 마치고 화가가 되어 고향으로 돌아온 뒤러가 제일 먼저 찾아간 곳은 당연히 프란츠의 집이었습니다.

마침 프란츠는 허름한 자신의 방 탁자에 앉아 두 손을 모으고 나지막한 소리로 기도하고 있었습니다. 〈주님, 저는 이미 험한 노동으로 손이 굽고 손마디가 굵어져 섬세한 붓질을 해야 하는 그림을 그릴 수 없게 됐습니다. 하오니 저 대신 사랑하는 친구 뒤러가 주님의 기쁨을 위해 아름다운 그림을 많이 그릴 수 있게 해주옵소서.〉

열린 창으로 새어나오는 프란츠의 그 절절한 기도 소리를 들은 뒤러는 뜨거운 눈물을 흘리며 뛰어 들어가 와락 친구를 끌어안고 〈프란츠, 자네의 희생과 이 기도하는 손이 오늘 나를 있게 했네!〉하며 진심어린 고백을 했습니다. 그리고 그 현장에서 29X20cm의 작은 백지 위에 오직 브러쉬와 잉크만으로 단숨에 그려 친구에게 헌정한 작품이 바로 저 유명한 〈기도하는 손〉입니다. 이 작품은 현재 뉘른베르크 박물관 〈알테 피나코텍〉에 전시되어 있습니다.

우리의 삶이 다시 낯선 일상이 되어가고 있습니다.

봄이 지나고 여름이 오면 코로나도 저만치 물러갈 줄 알았는데 야무진 꿈이었습니다.

점점 더 출구가 보이지 않고, 가늠하기조차 어려운 혼란 속으로 빠져드는 느낌입니다.

정말 〈코로나19〉 앞에서는 선진국도 후진국도 없고, 동양도 서양도, 사회주의도 자본주의도 무색합니다. 그야말로 〈코로나19〉가 온 지구촌의 공공의 적이 되었습니다. 아이들은 학교에 가는 대신 화상으로 수업을 받고, 교인들은 교회가 아니라 집에서 온라인 예배를 드리고, 모두가 서로를 피해다니며 접촉을 삼가고, 마스크를 안 쓰면 버스도, 택시도, 지하철도 못 탈 뿐 아니라

이제는 3백만 원 범칙금까지 물어야 하는 세상이 됐습니다.

오늘 소개해드린 뒤러의 〈기도하는 손〉은 무엇보다도 친구를 위해, 이웃을 위해 하는 〈중보기도의 손〉입니다.

코로나로 인해 지금까지 한 번도 경험해 보지 못한 세상으로 떠밀려 가고 있는 우리 사회를 위해 더욱 중보기도의 손을 모을 때입니다.

나태주의 〈새해 인사〉

10년 전 서울 광화문 교보빌딩 현판에 〈풀꽃〉이란 시가 걸렸습니다.

자세히 보아야
예쁘다
오래 보아야
사랑스럽다
너도 그렇다.

전문이 불과 스물네 글자에 불과한 이 짧은 시가 사람들의 마음을 사로잡았습니다.

그때부터 시인 나태주는 〈풀꽃 시인〉이 됐습니다.

요즘은 사람들이 시를 안 읽고, 따라서 시집이 안 팔리는 시대라고 합니다. 그러나 나태주 시인만은 예외적으로 벌써 여러 해째 〈나태주 신드롬〉을 이어가고 있습니다.

2020년과 2021년 출판 시장에는 나태주의 책이 한 해 스무 권도 넘게 쏟아져 나왔습니다. 신작 시집, 산문집, 동화집, 동요집, 편지집, 필사 시집, 컬러링 시집, 청소년 시집, 재출간 등... 새해에도 아이돌 그룹 BTS의 노래 가사에 그의 산문을 더한 〈작은 것들을 위한 시〉가 이미 예약 판매를 시작했고, 신작 시집 두 권과 신앙 시집, 산문 시집 등이 줄줄이 출간을 기다리고 있습니다.

　　그의 시는 특히 젊은 사람들이 좋아해 저도 처음에는 30대쯤 된 젊은 감성의 시인인 줄 알았다가 이미 시 인생 50년을 살아온 77세의 노시인이라는 사실을 알고 많이 놀랐습니다.

　　팔순을 바라보는 고령의 시인이 젊은이들 사이에서 진정한 셀럽이 됐고, 서울도 아닌 고향 공주에서 낡은 자전거를 타고 다니는 할아버지가 명실상부한 〈국민 시인〉이 된 것입니다.

　　지난 해 봄 출간된 나태주의 시선집 〈가지 말라는데 가고 싶은 길이 있다〉는 500쪽 가까운 두툼한 시집인데도 2만부가 넘게 팔렸고, 2015년에 출간된 〈꽃을 보듯 너를 본다〉는 아직까지도 시집 분야 베스트셀러 자리를 굳건히 지키며 누적 판매수 60만 부 이상을 기록하고 있습니다. 이를 두고 그는 〈시가 세상살이에 그만큼 필요하다는 것〉이라며 〈시는 결코 망하지 않는다〉고 했습니다.

　　나태주의 시는 다 〈풀꽃〉처럼 짧고 쉽습니다.

　저녁 때

돌아갈 집이 있다는 것
힘들 때
마음속으로 생각할 사람이 있다는 것
외로울 때
혼자서 부를 노래가 있다는 것

이게 그의 〈행복〉이란 시의 전문입니다. 이렇듯 그의 시는 거창하고 추상적인 주제를 다룰 때도 언제나 단순하고 소박합니다.

그래서 시인들이나 평론가들은 그를 높이 평가하지 않지만 일반 독자들과 젊은이들은 늘 그의 시를 사랑하고 깊이 공감합니다.

따라서 나태주는 자신을 마뜩찮은 눈으로 바라보는 다른 시인들을 향해 〈잘난 척 하지 말고, 아는 척 하지 말고, 있는 척 하지 말고, 고고한 척 하지 말고, 겸손하게 독자들 곁으로 내려오라〉고 충고합니다.

이제 설을 맞은 독자들에게 안수집사 나태주 시인이 〈새해 인사〉를 전합니다.

…
또 다시 삼백예순다섯 개의
새로운 해님과 달님을 공짜로 받았습니다
그 위에 얼마나 더 많은 별빛과 새소리와 구름과 그리고 꽃과
물소리, 바람과 풀벌레 소리들을
덤으로 받을지는 모를 일입니다

새해에도 그렇게 살면 될 일

거기서 뭘 더 바라시겠습니까?

하나도 새로울 것이 없고 늘상 그날이 그날이라며 무덤덤하게 받을 것이 아니라 시인처럼 진심으로 감사하며, 또 시를 가까이 하며 사는 복된 한 해 되시길 빕니다.

키에르케고르를 생각하다

지난 5월 5일 어린이날은 덴마크의 철학자요 신학자인 〈쇠렌 키에르케고르〉(1813-1855) 탄생 207주기가 되는 날이었고, 또 모레 19일은 그가 늘 잊지 못하고 감사했던 〈거듭남〉의 날입니다.

> 내 마음에 일어나는 무한한 기쁨을 말로 다 표현할 수가 없다. '주 안에서 항상 기뻐하라 내가 다시 말하노니 기뻐하라'고 한 사도 바울의 환호가 나도 모르게 내 입에서 터져 나왔다. 그것은 내 마음과 영혼으로부터 솟아나온 완벽한 탄성이었다. … 나는 내 기쁨에 대해 기뻐하고, 내 영혼과 더불어 … 이 기쁨을 감사한다. (1818.5.19 오전 10:30 일기)

저는 1985년 난생 처음 덴마크 여행길에 올랐습니다.

기숙사의 덴마크인 친구 베르겐이 방학을 맞아 고향인 코펜하겐을 간다며 3일 동안은 먹여주고 재워줄 수 있다고 해 따라

나선 것이지만 실은 키에르케고르에 대한 깊은 관심 때문이었습니다. 신학도라면 누구나 20세기 초중반을 풍미한 〈변증법적 신학〉, 〈실존론적 신학〉의 원조나 다름없는 키에르케고르에 한 번쯤 매료되게 마련인데 당시 저 역시도 그랬던 것 같습니다. 그의 실존에 대한 진지한 성찰과 진리를 향한 치열한 싸움에서 벅찬 감동과 신선한 도전을 받은 겁니다.

코펜하겐에 도착한 저는 맨 먼저 도시 북서쪽 외곽에 자리한 아시스텐즈 공동묘지부터 찾았습니다. 의외로 그의 무덤은 초라했고 아버지, 형과 함께 누워있었습니다. 누군가 두고 간 시든 꽃다발 하나만 덩그러니 놓였을 뿐 아무런 꾸밈도 장식도 없는 그의 무덤 앞에서 잠시 그의 짧고 고뇌에 찼던 생애를 회상해 본 후 거기서 다시 약 50m 정도 떨어진 〈레기네〉의 무덤도 찾았습니다.

코펜하겐 대학에서 신학과 철학을 공부하던 키에르케고르가 열 살 연하의 레기네 올센을 만나 사랑에 빠진 것은 그녀의 나이 겨우 열여섯 살 때였습니다. 그로부터 2년 후 목사시험에 합격한 키에르케고르는 전격 그녀와 약혼을 합니다. 그러나 곧 다시 파혼을 선언하는데, 이유는 태생적으로 우울하고 병적으로 사색적이었던 그가 한없이 밝고 명랑한 레기네를 도저히 행복하게 해줄 자신이 없어서라고 했습니다. 어쨌든 레기네는 키에르케고르가 일생 사랑했던 유일한 여성이었습니다. 키에르케고르의 초라한 무덤과는 대조적으로 그녀의 무덤은 퍽 웅장했고, 고위관료 출신인 남편 요한 프레데릭 슐레겔과 함께 누워있었습니다. 살아서 이루지 못한 사랑이었는데 죽어서도 다른 남자와 나란히 누워 있는 그녀의 무덤이 왠지 조금은 쓸쓸해보였습니다.

키에르케고르는 끝내 독신으로 살며 오직 사색과 집필과 당시 덴마크 국교회와의 투쟁에 모든 것을 다 바쳤습니다. 그는 아버지의 영향으로 대단히 경건했고, 또 목사요 실존주의의 선구자로서 세계와 보편성을 강조한 헤겔 철학의 이성과 합리성을 비판하며 오히려 인간의 참된 모습은 하나님 앞에 홀로선 〈단독자〉로서의 실존적 주체성에 있음을 강조했습니다. 여러 학문의 경계를 넘나들었던 키에르케고르가 현대사상과 근대 인류 정신사에 미친 영향이란 이루말할 수 없이 큽니다. 특히 변증법적 신학에 단초를 제공하며 칼 바르트, 루돌프 불트만, 본회퍼, 에밀 브룬너, 라인홀드 니이버, 폴 틸리히 등에게 깊은 영감을 줬고, 실존주의의 아버지로서 하이데거, 칼 야스퍼스, 장 폴 사르트르, 마르틴 부버, 후설, 비트겐슈타인, 가다머, 자크 데리다, 위르겐 하버마스, 가브리엘 마르셀, 베르자예프 등에 남긴 철학적 유산도 다 헤아리기 힘들 정도로 지대합니다.

문학 역시 알베르 까뮈, 헤르만 헤세, 프란츠 카프카, 릴케, 존 업다이크 등이 다 그의 실존주의 사상을 전수받은 자들이며, 심리학 쪽도 빅터 프랭클, 에리히 프롬, 칼 로저스 같은 이들이 모두 키에르케고르의 실존주의 세례를 받은 자들입니다.

1855년 어느 날 산책길에 쓰러져 42세를 일기로 세상을 떠나기까지 평생 우수, 불안, 절망, 죄의식 속에서 헤어나기 위해 몸부림하며 순수한 절대 신앙을 지키고자 몸부림했던 고독한 단독자, 그는 실존주의와 함께 유명해졌지만 또 실존주의가 비판을 받으면서 함께 도매금으로 처리된 듯해 늘 아쉽고 안타까운 사상가인데,

오늘 청년 주일을 맞아 다시 한 번 그를 인류의 큰 스승으로 이 땅의 모든 젊은이들에게 소개합니다.

어머니와 짜장면

담담하고 따뜻한 목소리와 특유의 선율이 돋보이는 노래이자 〈지오디〉의 제1집 앨범의 타이틀곡이기도 한 〈어머님께〉라는 곡의 노랫말 중에 이런 대목이 있습니다.

어머님은 짜장면이 싫다고 하셨어
어머님은 짜장면이 싫다고 하셨어
야이 야이 야아~ 그렇게 살아가고
그렇게 후회하고 눈물도 흘리고...

권 권사님이 늘 그러셨습니다. 그래서 어린 시절 저는 정말 어머니가 짜장면을 싫어하시는 줄만 알았습니다.

요즘은 누구나 다 부담 없이 즐기는 국민 음식이고, 〈짬짜면〉이라는 기발한 메뉴도 개발돼 짬뽕과 짜장면을 동시에 즐길 수 있는 여유도 생겼지만, 제가 어릴 때만 해도 짜장면은 참 특별한 음식이었습니다. 그래서 저처럼 나이가 좀 든 세대들에게는 누구에게나 짜장면에 대한 애잔한 추억 같은 게 있기 마련입니다.

그 때는 어느 집이건 자식들이 통신표에 올 〈수〉를 받든가 우등상을 타든가, 졸업식 혹은 이삿날이나 돼야 겨우 한 번쯤 먹을 수 있을까 말까 한 별식이었으니까요.

제가 자란 고향 마을에도 화교 부부가 운영하던 〈복춘루〉라는 오랜 중국집이 있었습니다.

그 집 주방에서 풍기는 볶고 튀기는 고소한 기름 냄새가 늘 온 동네에 진동했고, 우리는 그 집 앞을 지날 때마다 꼴깍꼴깍 군침을 삼키며 언제 저기에 들어가 달콤한 짜장면 곱빼기를 한 번 원 없이 먹어 볼 수 있을까 하며 기약 없는 그날을 손꼽아 기다리곤 했습니다.

그러다 정말 짜장면을 먹는 날이면 황홀했습니다.

오동통한 면발 위에 잔뜩 부어놓은 짙은 짜장 소스를 면과 잘 비벼 처음 한 젓가락을 입속에 넣었을 때의 그 기막힌 맛이라니…!

그런데 윤기 자르르 흐르는 짜장면과 노오란 단무지를 앞에 두고도 어머니는 단 한 번도 우리와 함께 그 짜장면을 드신 적이 없었습니다. 그럼에도 저는 이 맛 좋은 짜장면을 왜 싫어하실까 하며 의아해 했을 뿐 전혀 다른 생각은 해보지 못한 채로 수십 년을 보냈습니다.

그게 짜장면에 대한 의리나 예의가 아닌 줄은 알면서도 언제부턴가 저는 중국집을 가면 짜장면이냐 짬뽕이냐를 두고 고민하기 시작했습니다. 어린 시절에는 당연히 짜장면이었지만 나이가 들면서 식성이 점점 짬뽕으로 기울어지는가 싶더니 요즘은 다시 짜장면으로 돌아왔습니다. 권 권사님 때문입니다.

전에 〈나는 짜장면이 싫다〉고 하신 건 사실이 아니었습니다.

저는 요즘 권 권사님을 모시고 열심히 짜장면 집을 찾아다니고 있습니다.

권 권사님은 지난 해 7월 아파트 청소를 그만두시면서부터 여러 가지 약을 많이 드십니다.

고혈압, 고지혈, 3차 신경, 골다공증, 우울증, 간염에 약물 부작용으로 피부 발진까지 생겨 독한 피부과 약까지 드시며 거의 입맛을 잃으셨는데, 놀랍게도 짜장면만큼은 여전하십니다. 덕분에 분당과 판교의 짜장면 명가는 거의 다 순례 한 듯합니다. 정자역의 〈홍마반점〉, 수내동의 〈홍콩반점〉, 태현공원 앞으로 이전한 〈장흥규〉, 서현의 〈만강홍〉, 판교 봇들마을 8단지의 〈조박사 짜장〉까지 두루 섭렵했습니다.

지난 주일에는 예배 후 태재고개의 수타면 〈왕손 짜장〉을 갔었고, 어버이 주일인 오늘은 예리 예지와 함께 판교 알파리움 2단지의 〈하파〉를 갈까 합니다. 좀 고급져 한 그릇에 만원을 훌쩍 넘지만 오늘은 꼭 그걸 사드리고 싶습니다.

예지가 계산하겠죠, 뭐!?

정월 초하룻날 아침,
이육사의 〈광야〉를 읊다

지난주 16일은 76년 전, 그러니까 광복 한 해 전인 1944년 이육사가 중국 베이징의 일본 영사관 지하 감옥에서 혹독한 고문과 폐병을 이기지 못하고 40세를 일기로 쓸쓸히 옥사한 날입니다.

그리고 이 〈광야〉는 그가 감옥에서 남긴 마지막 유고 시입니다.

까마득한 날에
하늘이 처음 열리고
어데 닭 우는 소리 들렸으랴.
모든 산맥들이
바다를 연모해 휘달릴 때도
차마 이곳을 범(犯)하던 못하였으리라.
끊임없는 광음(光陰)을
부지런한 계절이 피어선 지고
큰 강물이 비로소 길을 열었다.

지금 눈 나리고

매화 향기 홀로 아득하니

내 여기 가난한 노래의 씨를 뿌려라.

다시 천고(千古)의 뒤에

백마 타고 오는 초인(超人)이 있어

이 광야에서 목 놓아 부르게 하리라.

이육사의 시들은 비장한 결기와 웅혼함, 고고함이 느껴지지만 또 몹시 아픕니다.

무려 17번이나 일제의 감옥을 드나들며 겪었을 극한 상황과 맞물려 저는 이 〈광야〉를 대할 때마다 매화 향 같은 그의 기개에 소름이 돋습니다.

육사는 꼿꼿한 지조의 선비들과 도산서원으로 유명한 안동 도산면에서도 더 깊숙이 들어간 작은 마을 원천리에서 퇴계 이황 선생의 제14대 손으로 태어났습니다.

마을 이름에 내 〈川〉자가 들어간 데서 보듯 낙동강이 지척인 곳, 넓은 강변에 넉넉히 쌓인 모래가 마을 사람들의 지친 마음을 어루만져주고, 은어 떼가 사는 맑은 강물이며 억새가 우거진 마을 뒤편 왕모산이 아늑하게 마을을 품어주는 곳, 시인이 〈내 고장 7월은 청포도가 익어가는 시절〉(청포도)이라고 한 바로 그곳에서 자라난 그는 이미 22세에 독립 의열단에 가입합니다.

육사는 어려서부터 조부에게서 엄격한 양반교육과 한학을 배웠습니다. 그런데 조부 이중직은 노비문서를 불태우고, 부리던 노비들에게 토지를 나눠주는 등 반봉건의 삶을 실천하며 육사에게 친히 인간 해방의 모범을 보인 개화한 선비였습니다. 시인은 그런 환경에서 자라며 항일의식, 민족의식이 강했던 친가, 외가의 영향을 받아 일찌감치 의열단에 가입했고 일본과 북경, 만주등을 오가며 치열하게 항거함으로써 일제 강점기에 활동했던 수많은 문인들 가운데서도 끝까지 한 점 흐트러짐 없이 저항하다 간 순국 애국지사의 표상이 되었습니다.

〈광야〉는 항일 저항시의 압권입니다.

이 시를 읊으면 서설에 덮인 끝없는 순백의 광야 저 너머에서 지금도 시인이 〈목 놓아 부르는 해방의 노래〉, 가난한 희망의 절규가 들리는 듯하여 이내 가슴이 먹먹해집니다.

죽음의 절망 속에서도 결코 접지 않았던 각혈과도 같은 그의 시혼(詩魂), 그는 정녕 로마 식민시대의 세례 요한과도 같은 〈광야에서 외치는 자의 소리〉였습니다.

이제 우리는 〈무엇을 꿈꾸고 바라며〉 이 시대를 열어야 할까요?

시인이 꿈꿔온 한 시대의 〈광야〉에서 우리가 불러야 할 가난한 노래는 무엇이며, 오늘 우리가 저 눈밭에 뿌려야 할 희망의 씨앗은 과연 어떤 것일까요?

〈트럼프〉는 도박이다

트럼프(Trump)는 서양식 도박입니다.

우리나라 사람들이 화투로 고스톱을 치듯 서양 사람들은 중세 때부터 트럼프 카드로 포커 같은 노름을 즐겼습니다. 그래서 마술사들의 가장 고전적인 눈속임 도구도 바로 트럼프 카드입니다.

요즘도 카드 뒷면에 특수 염료를 발라 사기도박을 벌이는 타짜들의 얘기가 심심찮게 보도되고 있지 않습니까? 하트와 스페이드, 다이아몬드, 클로버 이렇게 네 가지 기본 패와 그 아래 에이스, 킹, 퀸, 잭의 최고 등급과 2-10까지의 숫자 등급을 부속 패로 이루어진 52장의 트럼프 카드는 누구나 한 번 빠지면 헤어나기 어려운 중독성 강한 마력을 지녔다고 합니다.

또 오직 숫자의 크기로만 판을 가르는 약육강식의 잔인한 도박이라고도 합니다.

그런데 트럼프 카드와 철자 하나도 어김이 없는 트럼프(Trump) 미 대통령이 지난 30일 판문점 DMZ에서 김정은 위원장과 깜짝 회동을 한 사건을 두고 영국의 BBC가 트럼프 대통령의 〈정치도

박〉(political gamble)이라고 보도했습니다. CNN도 내년 대선을 위해 승부수로 띄운 트럼프의 〈북한 도박〉이라고 했고, 뉴욕타임스는 〈리얼리티 쇼맨의 기발한 도박〉이라고도 했습니다.

마이크 폼페이오 미국무장관도 〈미북 정상의 DMZ 회동이 위험한 도박 아니었느냐?〉는 기자의 질문에 〈맞다. 그러나 그 도박이 먹혔으니 된 거 아니냐?〉고 응수했습니다.

저는 아직 도박으로 성공한 사람을 보지 못했습니다. 돈벼락을 맞은 복권 당첨자가 결국은 거지 신세가 되고 폐인이 되듯 도박 역시도 더러는 따기도 한다지만 결국은 패가망신하여 비참한 인생이 되고 맙니다. 제가 보기엔 좌충우돌하는 트럼프의 도박 역시 당장은 미국의 이익에 도움이 될지 몰라도 임기 4년을 채우고 재선에 성공하여 도합 8년을 집권하게 된다면 결국 미국은 트럼프의 그 무모한 정치 도박으로 많은 것을 잃고 심각한 후유증에 시달릴 것으로 보입니다.

이미 미국은 전통적인 우방들을 거의 다 잃었습니다.

트럼프가 등장한 3년간의 짧은 기간 동안 지난 2백 년간 쌓아 올린 미국의 가치와 덕목들이 다 흔들리거나 무너져 내리고 있습니다.

부산대 로버트 켈리(Robert E. Kelly) 교수의 지적에 의하면 트럼프는 공부하는 스타일도 아니고 평소 독서도 거의 없는 사람이라고 합니다. 심하게 얘기하면 그는 입만 살아 있는 거친 달변가입니다.

그는 무엇이든 내용을 심도 있게 연구하거나 자세히 들여다 보지 않고 즉흥적으로 판을 짜고, 도박하듯 일을 저지른다. 정말 수수께끼 같은 인물이다.

성급하고, 거만하고, 경솔하고, 안하무인이고, 자기 자랑의 귀재에다 대형 트럼프 룸을 갖춘 카지노 소유자요 골프장, 부동산을 비롯 세상 물정에는 너무도 밝은 사람이다.

그러나 다른 한편으로 그는 헌신적이고 충실한 남편이자 언제나 애정 넘치는 아버지요 무엇보다도 기독교 복음주의 신앙을 자신의 삶의 핵심적인 가치로 여기는 보기 드문 종교인이라는 것이다.(트럼프의 신앙과 미국 복음주의와의 관계를 다룬 베스트셀러 하나님과 트럼프, 스티븐 E. 스트랭, 2018)

좋습니다.

저는 다만 내년에 있을 트럼프의 재선과 김정은의 핵보유국 지위가 도박처럼 밀거래, 뒷거래 방식으로 이뤄지지 않기만을 간절히 기도할 뿐입니다.

자유로운 영혼

매미 소리가 갈수록 치열합니다.

폭염이 절정으로 치닫는 요즘 마치 시원하게 쏟아지는 소나기처럼 밤낮으로 토해내는 뜨거운 자연의 소리에 오히려 묘한 카타르시스를 느낍니다.

최근 시중 유명 서점의 한 조사에 의하면 우리나라 50-60대 독자들에게 가장 인기 있는 소설은 니코스 카잔차키스의 〈그리스인 조르바〉라고 합니다.

저는 이것이 우리 사회 중장년층들의 자유인에 대한 동경과 아쉬움이 그만큼 크다는 사실을 뜻한다고 봅니다.

더 늦기 전에 〈그리스인 조르바〉처럼 진정한 자유인으로 살아보고 싶다는 것입니다.

물론 배부른 노예와 가난한 자유인 중 어느 쪽을 택할 것인가는 전적으로 자신의 몫입니다.

인간은 태어날 때는 자유로웠지만 이제는 어디서나 노예가
되어 있다. 자신을 다른 사람의 주인으로 생각하는 사람들일
수록 실은 더 심각한 노예가 되어 있다.

이 도발적인 글은 18세기 프랑스 대혁명의 불을 지핀 장자크
루소의 〈사회계약론〉의 첫머리입니다. 루소의 이런 자유와 평등
에 대한 사상이 대혁명의 불씨가 되어 이름 없는 민초들이 일어
나 부패한 권력자를 그 권좌에서 끌어내렸습니다. 그 이후 인류
는 실로 수많은 영역에서 자유를 쟁취했습니다. 신분제와 노예제
폐지는 물론 오늘날 대다수 문명국가 시민들이 누리는 인권, 사유
재산권, 선거권, 언론의 자유, 집회의 자유 등과 같은 권리들이 다
불과 수 세기 사이에 주어지고 보장된 자유의 산물들입니다.

그렇다면 현대인들은 정말 자유로울까요?
애석하게도 자유를 억압하는 거대한 힘은 정치적 사회적 경
제적 진보를 눈부시게 이룩한 현대 사회에서도 매 마찬가집니다.
과거에는 주로 군주들의 폭정과 착취, 종교적 도그마, 가부장적
전통과 일방적인 사회 규범 같은 게 사람들의 자유를 억압하고
제한했다면 지금은 기득권 세력들의 횡포와 사람들의 탐욕이 스
스로 자신의 자유를 내팽개친 채 오로지 소유에만 강박적으로 집
착하게 합니다.

사도 바울은 〈그리스도께서 우리를 자유롭게 하려고 자유를

주셨으니 그러므로 굳건하게 서서 다시는 종의 멍에를 메지 말라〉(갈 5:1)고 당부했습니다.

어떻습니까? 당신은 지금 자유합니까?

정말 더 이상 그 어떤 것의 노예도 아닙니까?

놀랍게도 신앙생활 자체가 때로 우리를 비굴하게 만드는 현실을 봅니다.

이건 대체 뭡니까?

〈그리스인 조르바〉는 이렇게 자유를 잃고 살아가는 사람들에게 통쾌한 일침을 가합니다.

소설의 화자가 크레타 섬으로 가는 배를 기다리다 우연히 조르바를 만나는데 이야기는 바로 그 지점에서부터 시작됩니다.

조르바의 첫 인상을 묘사하는 대목입니다.

그렇다. 조르바는 살아 있는 가슴과 푸짐한 언어를 쏟아내는 입과 위대한 야성의 영혼을 가진 사나이, 모태인 대지에서 아직 탯줄이 채 끊어지지도 않은 사람이었다.

조르바를 정의할 수 있는 단 하나의 단어는 〈자유〉입니다.

그는 전통과 관념과 사회적 규범을 넘어선 자유로운 영혼이었습니다.

조르바의 인생관은 〈앞뒤 재지 말고 일단 해보자!〉입니다. 조르바는 이렇게 말합니다.

확대경으로 물속을 들여다보면 균들이 우글거리지요. 그걸
보고는 못 마시지... 그러나 안마시면 목이 타고... 확대경을
부숴버려요! 그럼 균들도 사라지고, 물도 마실 수 있고, 정신
도 번쩍 들 테니까...!

올 여름 휴가 때는 저도 〈그리스인 조르바〉처럼 훨훨 자유로
운 영혼이 되고 싶습니다.

외로우니까 사람이다

그러잖아도 가을이 깊어가는 11월 하순에다 찬비가 내리고 스산한 바람이 불어 가슴을 후비는데 요즘 부쩍 주변에서 〈외롭다〉는 말을 자주 듣습니다.

저는 권 권사님에게서 참 외로움을 참 많이 느낍니다.

그럼에도 제가 어떻게 할 수 있는 게 없다보니 안타까움과 쓸쓸함이 더 사무칩니다.

정호승 시인은 〈수선화에게〉라는 시에서 이렇게 적고 있습니다.

울지 마라
외로우니까 사람이다
살아간다는 것은 외로움을 견디는 일이다
…
눈이 오면 눈길을 걸어가고
비가 오면 빗길을 걸어가라
…

가끔은 하나님도 외로워서 눈물을 흘리신다
새들이 나뭇가지에 앉아 있는 것도 외로움 때문이고
산 그림자도 외로워서 하루에 한 번씩은 마을로 내려온다
…

〈살아간다는 것은 곧 외로움을 견디는 일이라〉는 시인의 말이 참 와 닿습니다.

한 송이 수선화의 외로움, 이름 없는 새들의 외로움까지 이해하고 하나님의 외로움마저도 헤아릴 수 있다면 지금 내가 겪고 있는 외로움도 능히 이길 수 있지 않을까요?

가끔 하나님도 눈물을 흘리신다는 시인의 아름다운 문학적 감성과 무심한 듯 하면서도 따뜻한 목소리가 이 가을 우리 모두의 헛헛한 가슴에 진심어린 위안이 되길 빌어봅니다.

창세기를 보면 하나님이 처음 빛을 창조하시고 그게 너무 아름다워 스스로 감동하시는 대목이 나옵니다.

그 빛이 하나님 보시기에 좋았더라(창 1:4).

그럼에도 문제는 그 아름다움을 함께 나눌 대상이 없었다는 것입니다.

홀로 즐기시기에는 너무도 아름답고 장엄한 그 광채를 꼭 누

군가와 함께 하고 싶으셨습니다. 뭔가를 서로 나누고 싶은 관계란 곧 사랑일 수밖에 없으며 그 사랑으로 말미암아 비로소 우리 인간이 지음을 입었습니다. 그러나 인간은 하나님의 외로움을 외면하고 맙니다.

빛의 아름다움보다는 어두움의 유혹에 빠진 탓입니다.

또 그런 인간의 모습에서 하나님은 더욱 외로우셨습니다.

사랑하는 연인에게 바친 꽃다발이 그의 면전에서 바닥에 내동댕이쳐진 듯한 비애를 느끼신 겁니다.

그런데 사람도 외롭기는 마찬가지입니다.

매번 〈보시기에 좋았더라〉며 감탄하신 하나님이 아담을 창조하신 후에는 또 뭐라고 하셨습니까?

〈그가 혼자 사는 게 좋지 않게 보였다〉(창 2:18)며 〈내가 그를 위하여 짝을 지으리라〉고 하셨습니다.

이렇듯 사람도 원래는 혼자였습니다.

하와와 더불어 살기 전에는 아담도 외로운 존재였습니다.

심지어 부부라는 이름으로 남녀가 함께 지낼 때조차 그 결정적인 순간에는 언제나 각각이고 홀로였습니다.

아담과 하와는 함께 유혹을 받지 않고 하와가 홀로 당했습니다. 하나님도 범죄한 두 사람을 각각 만나사 그 둘의 운명을 다르게 판결하심으로써 그들의 갈 길이 서로 같지 않음을 선언하셨습니다.

이처럼 창세기는 남녀가 한 몸처럼 보이나 어쩔 수 없이 둘이고, 서로 같은 공간에서 부부로 산다고는 하나 결국은 각기 홀로라는 사실을 말씀하고 있을 뿐입니다.

범죄한 후 그들이 부끄러워 자신을 감추었다는 것도 인간의 원초적인 외로움을 말합니다.

자신을 가렸다는 것은 곧 남에게 자신을 공개하기 싫다는 뜻 아닙니까? 따라서 인간은 자신 만의 깊은 비밀을 간직한 채 타인의 관여를 거부하고 홀로 그 운명 앞에 섭니다.

그런데 주님은 그 외로운 자신만의 골방에서 자주 하나님의 음성과 저 험한 밤바다에서 외로이 풍랑과 싸우는 제자들의 비명을 들으셨습니다.

고독 속에서 하나님과 이웃을 함께 만나신 겁니다.

〈코로나〉로 시작해 〈코로나〉로 한 해가 저무는 이 연말, 부디 외로움 속에서도 주님처럼 하나님의 위로를 만나시고 , 또 이웃들의 탄식도 함께 듣는 가슴 따뜻한 성도들이 되시길 빕니다.

사다리 걷어차기

〈사다리 걷어차기〉는 미국 프로레슬링 단체인 WWE의 래더 매치에 단골로 등장하는 경기 방식입니다.

링 중앙 높은 곳에 챔피언 벨트를 걸어놓고 누구든 먼저 올라가서 그 벨트를 차지하는 선수가 챔피언이 되는 겁니다. 따라서 앞서 올라가는 선수는 뒤따라오는 선수를 막아야 하고, 아래에 있는 선수는 사다리를 걷어차거나 밀어서 앞선 상대가 그 벨트를 차지하지 못하도록 방해해야 하는데 전에는 숀 마이클스와 레이저 라몬 같은 선수가 팬들에게 큰 임팩트를 주며 사다리 래더 매치의 명장면을 많이 연출했습니다.

그러나 제가 오늘 여기서 말씀드리는 〈사다리 걷어차기〉 (Kicking away the Ladder)란 1990년부터 영국 케임브리지 대학 경제학과 교수로 재직 중인 장하준의 책 이야기입니다.

이 책은 원래 영어로 집필되고 출간된 경제학 서적인데 다시 형성백이라는 한국인에 의해 우리말로 번역되어 국내에 소개된

책입니다.

장 교수는 한국어판 서문 첫 구절에 이렇게 적고 있습니다.

> ... 나는 후진국들에 대한 그들(선진국)의 '설교'가 얼마나 위선
> 적인가를 드러내고자 했다.

그렇습니다.

이 책은 선진국들의 일방적인 갑질과 위선적 횡포를 생생하
게 고발한 책으로 거기서 장 교수가 말한 〈사다리 걷어차기〉란
남보다 먼저 사다리를 타고 높은 곳에 올라간 사람이 고의적으로
그 사다리를 걷어차 다른 사람이 올라오는 것을 막는 비열한 행
위를 가리킵니다.

과거 선진국들은 철저한 보호관세와 정부 보조금 등으로 자
국의 산업을 육성 발전시켜 왔는데 오늘날에 와서는 후진국들에
게 자유무역을 압박하고 보조금 철폐를 강요하며 이중적 잣대를
적용하고 있다는 것입니다. 자신들은 보호무역이라는 사다리를
타고 높이 올라갔으면서 그 뒤를 따라 오르려는 후발 국가들에게
는 철저한 자유무역을 요구하며 올라오지 못하도록 막는 짓이야
말로 전형적인 〈사다리 걷어차기〉요 〈후진국 죽이기〉라는 것입
니다.

그런데 최근 우리 정부와 여당이 내놓은 주요 정책들, 즉 부

동산 안정, 정규직 전환, 주식 양도세 확대 등의 금융세제 개선안 등이 다 국민의 계층 상승의 희망을 원천적으로 꺾는 이른바 〈사다리 걷어차기〉라는 원성이 높습니다.

이미 저만치 올라간 고위 관료들과 가진 자, 기득권자들이 후발 서민들은 아예 발도 들여놓지 못하도록 사다리를 걷어 차버리는 극단적인 서민 죽이기 정책들을 쏟아내고 있다는 것입니다. 청와대와 정부, 국회에 포진한 다주택자들 혹은 강남에 〈똘똘한 한 채〉를 가지고 지속적으로 부를 증식해 온 사람들이 주택 정책을 주무르며 교묘히 사다리를 걷어차고 있어 막차라도 타려던 서민들과 청년들의 시장 진입이 좌절됐다며 허탈해 하는가 하면 졸지에 투기꾼으로 몰려 범죄자 취급을 당했다며 분통을 터뜨리는 사람들도 적지 않은 것 같습니다.

저는 이 모든 저항이 상당 부분 오해요 과장이요 정부의 갑작스런 고강도 규제와 증세에 대한 반발이라고 보지만 결국 이런 혼란스런 상황에서 피해를 떠안는 계층은 언제나 사다리의 맨 밑 부분을 힘겹게 부여잡고 하루하루를 고단하게 살아가는 다수 서민들이라는 사실을 정부 여당이 꼭 기억해주길 바랍니다.

누구는 이미 너무 많이 가졌고, 누구는 그게 언감생심인 세상, 부디 모든 이들이 〈사다리 걷어차기〉가 아니라 〈사다리 걷어차지 않기〉가 더불어 사는 삶의 지혜임을 깨닫게 되는 날이 오길 그저 진심으로 기도할 따름입니다.

계절
아메리카노 한 잔의 행복

5월의 노래

아름다운 5월에
꽃봉오리들이 모두 피어날 때
나의 마음속에도
사랑의 꽃이 피어났네
아름다운 5월에
새들이 저마다 노래할 때
나도 그녀에게 고백했네
나의 그리움과 열망을

독일의 낭만주의 음악가 〈슈만〉(Robert Alexander Schmann, 1810-1856)이 서정 시인 〈하인리히 하이네〉의 시에 곡을 붙인 〈아름다운 5월에〉(Im Wunderschönen Monat Mai)라는 연가곡으로, 슈만의 따뜻하고 아름다운 곡과 하이네의 5월의 사랑을 예찬한 가사가 어우러져 누구나 이 노래를 들으면 자신이 연모하는 사람에게 달려가 사랑을 고백하고 싶을 만큼의 생생한 감동이 느껴진다는 유명한 곡입니다.

    보통 시에다 곡을 붙여 만든 서정적인 노래를 〈가곡〉이라 부르는데 독일에서는 주로 〈슈베르트〉와 〈슈만〉을 통해 발전했고 또 클래식의 한 장르로 자리매김을 했습니다.

    오스트리아 빈에서 태어난 〈슈베르트〉(Franz Peter Schubert, 1797. 1-1828. 11)는 독일 낭만파의 대표적인 작곡가로 특히 가곡(Lied)의 왕으로 불립니다.

    그는 31년이라는 짧은 생애를 살며 천 여곡의 작품을 남겼는데 그중 가곡이 무려 633곡이나 됩니다. 사실 〈슈베르트〉 이전의 작곡가들은 가곡에 대해 그다지 흥미를 느끼지 못했습니다. 바흐나 헨델도 칸타타, 오페라, 오라토리오 같은 많은 성악곡을 남겼지만 정작 가곡은 겨우 한두 곡 정도를 꼽을 수 있을 뿐입니다.

    고전 시대의 하이든, 모차르트, 베토벤 같은 음악가들 역시 위대한 교향곡과 협주곡 등은 많지만 가곡은 없습니다.

    그에 반해 〈슈베르트〉는 평생 작곡한 작품의 절반 이상이 가곡일 만큼 누구도 주목하지 않았던 분야에 가장 많은 시간과 열정을 쏟았습니다. 그것은 괴테, 하이네, 뮐러 같은 뛰어난 독일 시인들의 작품이 그의 마음에 큰 울림과 영감을 주었기 때문입니다.

    특히 〈슈베르트〉 가곡에는 봄을 소재로한 노래들이 많습니다.
    〈봄에게〉〈봄 시냇가에서〉〈봄의 송가〉〈봄 노래〉〈봄에〉〈봄날의 꿈〉〈봄의 갈망〉〈봄 여행〉 … 〈봄의 신앙〉(Frühlingsglaube,

1820)이란 곡도 있습니다.

　　온화한 바람이 잠에서 깨어나 밤낮으로 속삭이고
　　살랑대며 온 천지를 누빈다.
　　오 신선한 내음, 새로운 소리! 초라한 내 마음에서
　　근심을 걷어내리.
　　이제 모든 것이 변할 터이니 세상은 나날이
　　더 아름다워져 온 천지가 어떻게 변할지 아무도 알 수 없네.
　　저 멀고 깊은 골짜기에도 꽃들이 피어나네.
　　자, 초라한 내 영혼이여, 고통 따윈 잊어라!
　　이제 모든 것이, 모든 것이 달라지리니!

　그의 삶은 몹시 춥고 고되고 아팠습니다.

　8살 때부터 교회 성가대에서 찬양을 하고 11살 때는 소년 소
프라노로 빈 궁정 예배당의 합창단원으로 활동하기도 했지만 그
는 언제나 가난했고, 굶주렸고 병에 시달렸기에 자신의 인생에도
봄날 같은 따뜻한 바람이 불어오기를 기도하며 이 〈봄의 신앙〉을
노래했는지도 모르겠습니다.

　그런데 슈베르트가 꿈꿔왔던 그 훈훈한 인생의 봄을 오늘 우
리는 너무도 무심하게 맞고 있는 것은 아닌지... 이 주일 아침 잠
시나마 함께 생각해 봤으면 좋겠습니다.

　〈사랑의 달〉이요 〈가정의 달〉인 5월, 두루 평안하시길 빕니다.

입춘지절(立春之節)

어제가 〈입춘〉이었습니다.

온 세상이 추위에 얼어붙고 나무마다 빈 가지 뿐인데 뜬금없이 봄이라니...

저는 전에 〈입춘〉이 왜 매년 동장군의 기세가 여전한 2월 초일까 하고 으아스레 생각했었습니다.

올해만 해도 설날 새벽 폭설이 내려 길이 아직도 미끄러운데 벌써 봄?

그러나 곧 깨닫게 되었습니다.

그게 굳이 시간 개념이라기보다 〈소한〉과 〈대한〉 추위가 지나면 결국 봄은 다시 온다는 강렬한 희망의 표현이라는 것을.

아직 훈훈한 봄바람이 부는 것은 아니지만 이제는 〈대한〉보다 더 모진 추위는 없다는 안도와 확신으로 봄의 시작점을 앞당겨 설정한 것입니다.

그래서 〈입춘〉의 〈입〉은 〈들 入〉이 아니라 봄을 향해 희망을 세운다는 뜻의 〈설 立〉입니다.

〈입춘〉은 이미 봄이라거나 벌써 봄에 들어섰다는 뜻이 아니라 봄이라는 희망의 이정표를 세우는 절기입니다.

정초인 지금도 차가운 바람이 불고, 두꺼운 옷에 마스크를 끼고 있지만 〈입춘〉을 지나지 않고서는 결코 봄이 올 수 없다는 뜻입니다.

그렇습니다.

본디 겨울이 지나야 봄이 오는 게 아니라 겨울 속에 이미 봄이 있습니다.

슬픔 너머에서 기쁨이 오는 게 아니라 슬픔 속에 이미 기쁨이 있고, 아픔 너머에 평안이 아니라 아픔 속에 이미 평안이 있다는 사실을 우리 모두 이 〈입춘지절〉에 다시 한 번 깊이 깨달을 일입니다.

우리는 지금 너나 할 것 없이 모두가 〈코로나〉의 시름에 겨워 한 치의 마음의 여유도 없이 꽁꽁 얼어붙은 시린 세월을 살아가고 있습니다.

그러나 생각해 보면 우리 인생의 봄도 어쩌면 꽃 피는 춘삼월보다는 맨 밑바닥을 치고 이제 올라갈 일만 남은 그 가장 깊은 순간이 아닐까요.

세상을 살며 더 이상 내려갈 곳이 없는 바닥에 발을 디디고 이제는 오직 박차고 오를 일만 남았다며 절망보다는 오히려 희망을 품는 순간이 바로 우리 인생의 진정한 봄의 시작점이 아닐까요?

그럼에도 희망은 든든히 붙잡되 아직 방심은 금물입니다.

입춘에 김칫독 깨진다는 말도 있고, 〈소한〉과 맞먹는다는 꽃샘추위도 남았습니다.

행여 매화꽃 피었다는 남녘 소식에 긴장 풀지 마십시오.

산수유가 노랗게 피고 벚꽃 만발할 때까지는 모퉁이 빙판길을 걷듯 늘 조심하고 또 조심하셔야 합니다.

〈목민심서〉(牧民心書)의 저자인 다산 정약용이 16세 때 자신이 살던 집 벽에 써 붙인 〈입춘 단상〉이란 시의 전문입니다.

사람은 하늘과 땅 사이에서
몸가짐을 바르게 하는 것이
그 본분이거늘
어리석은 자는 본래의 선함을 잊고
평생을 오직 입고 먹는 데만 바친다네
효성과 우애가 인(仁)과 신(信)의 근본이요
학문은 그 남은 힘으로 하는 것이니
힘겹게 노력하지 않는다면
세월 따라 그 덕을 잃어가리

소년의 올곧고 결연한 의지가 느껴지는 이 시 말미에는 다음과 같은 〈입춘〉 격문 하나가 적혀 있습니다.

〈재종춘설소 복축하운흥〉(災從春雪消 福逐夏雲興, 재난은 봄눈처럼 사라지고, 행복은 여름 구름처럼 일어나길!)

　부디 다산의 이 〈입춘〉 기원이 어느덧 〈코로나〉 세상 3년차에
갇혀 지내는 오늘 우리들에게 큰 희망의 축원이 되길 간절히 빌
어봅니다.

잿빛 새해

올해도 우리는 때로 두려워하며 때로는 사무치도록 아파하며 때로는 도저히 버틸 수 없을 것 같은 절망감 때문에 죽도록 힘들어 하며 〈코로나〉의 긴 터널을 통과하겠지만 우리가 어떤 모습으로 살아가든 부디 한결 같은 연민의 눈으로, 아무런 편견 없이 우릴 지켜보고 계시는 주님의 눈빛이 있음을 잊지 않았으면 좋겠습니다.

모든 게 불확실하고 불안정하고 위태롭지만 그래도 더는 몸과 마음과 영혼이 무너지는 일 없이 안전하고 건강했으면 좋겠습니다.

남이 무심코 던진 말에 내 마음도 베이지 않고, 내가 욱하고 내뱉은 말에 남도 상하는 일 없이 다 서로를 측은지심으로 대하며, 작고 사소한 일에도 감사하고 또 보람을 느끼며 힘껏 서로 사랑하며 지냈으면 좋겠습니다.

힘든 경제적 사정이나 〈코로나 블루〉로 가족들에게 아픔을 주는 일은 절대 없었으면 좋겠고, 주님을 사랑하고 이웃을 위하는 일에는 다소 손해를 보는 한이 있어도 선뜻 용기를 냈으면 좋겠습니다.

무엇보다 영적으로 태만하지 않고, 팬데믹 상황의 새로운 환경에 잘 적응하며 신앙생활의 기본만큼은 절대 놓치지 않았으면 좋겠습니다.

우리 인생에는 때로 모질고 벅찬 바람이 불기도하고 도저히 납득할 수 없는 가혹한 시련이 닥치기도 합니다. 어디에도 희망이 보이지 않고 현실은 오직 체념만을 강요할 때 우리는 흔히 분노하며 절망의 화신이 되기도 합니다.

마음을 가난하게 하고 생각을 더욱 너그럽게 합시다.

음악을 듣고 햇빛을 즐기고 계절의 변화에 민감하고 하늘을 자주 쳐다봅시다.

꽃과 나뭇잎들의 아름다움에 경탄하고, 혼자서라도 많이 미소를 지읍시다.

창문을 열고 밤새 내린 흰눈을 바라볼 때의 그 순수한 설레임으로 작은 것이든 큰 것이든 내 일상의 가장 소박한 것들에서 감사를 발견합시다.

누구의 말에든 귀 기울이고 사람과의 헤어짐을 받아들이되 그의 좋은 점만을 오래 기억합시다.

시간을 아낍시다.

나이가 들어도 삶을 허무나 회한이나 고통으로 여기지 말고 지혜와 균형과 조화와 감성을 잃지 않으며 누구에게나 성공한 사람보다는 소중한 사람으로 남읍시다.

건강을 챙기되 건강의 노예는 되지 말고, 교회를 섬기되 열정이 식지 않기를 기도합시다.

새해에는 차선, 차악, 덜 비호감인 대통령이 아니라 꼭 괜찮은, 멀쩡한 사람이 대통령이 되도록 기도합시다.

2022년 새해는 암울했던 2021년보다 더 자유롭고 밝을 거란 기대와 희망을 가집시다.

임인년 새해에는 검은 호랑이가 아니라 아브라함이 바로 모든 시대를 초월하는 인류의 영원한 희망의 아이콘임을 기억하고 그가 전한 희망의 메시지인 〈여호와 이레〉를 잊지 않았으면 좋겠습니다.

그는 시퍼렇게 살아 있는 외아들의 목을 따면서도 끝끝내 하나님에 대한 신뢰와 희망의 끈을 놓지 않았습니다.

외적으로 볼 때는 아무런 가능성도, 그 어떤 조짐도 안 보였지만 그는 그렇게 홀로 〈여호와 이레〉 신앙에 자신의 목을 내댔습니다.

그래서 결국 외아들도, 하나님도, 자신도 잃지 않고 다 지켜 냈습니다.

비록 잿빛 새해지만 절망하지 맙시다.

체념하지 맙시다.

희망을 접지 맙시다.

첫눈 오는 날 만나자

벌써 첫눈이 내렸습니다.

제주도는 지난주 내 대설주의보가 발령됐고, 한라산은 17cm 나 쌓인 눈으로 온통 겨울 왕국이 됐다는 소식입니다.

강원도 평창이며 대관령과 설악산 일대에도, 덕유산에도, 수 도권 역시 북한산, 관악산, 도봉산은 물론 지난 수요일 이른 아침 에는 서울과 분당에도 첫눈이 내렸습니다.

물론 많이 온 것은 아니고 잠시 흩뿌리다 말았지만 그래도 지 난해보다 무려 한 달이나 빠른 첫눈이었다고 합니다.

나이가 들어가면 감성이 무뎌진다고 하지만 제게는 여전히 첫눈에 대한 인상과 추억이 그림처럼 예쁜 빛깔로 남아 있습니 다.

그리고 첫눈이 오면 늘 정호승 시인의 〈첫눈 오는 날 만나자〉 가 먼저 떠오릅니다.

...

사랑하는 사람들은 첫눈을 기다린다
첫눈을 기다리는 사람들은
첫눈 같은 세상이 오기를 기다린다
첫눈 오는 날 만나자고 약속하는 사람들 때문에
첫눈이 내린다
아직도 세상에 눈이 내린다는 것
아직도 눈 내리는 거리를 걸을 수 있다는 것
이 얼마나 아름다운 축복인가
첫눈 오는 날 만나자
첫눈 오는 날 약속한 사람과 만나 커피를 마시고
눈 내리는 기차역 부근을 서성거리자

코로나 시국 두 해째, 병든 우리의 삶이 가지 끝에 겨우 매달린 노오란 잎새처럼 위태롭습니다.

예년보다 일찍 찾아온 11월 첫눈이 부디 우리의 가난한 영혼을 어루만지며 시커멓게 탄 가슴들을 포근하고도 하얗게 품어주길 바래봅니다.

조선시대 때는 첫눈 오는 날은 왕에게 거짓을 고해도 용서받았다고 합니다.

그만큼 길한 날로 여겼다는 뜻입니다.

우리 믿는 자들도 그렇습니다.

매년 성탄절을 기왕이면 화이트 크리스마스로 맞길 원합니다.

기독교 국가인 유럽 대부분의 나라들이 우리처럼 눈 오는 겨울에 성탄절을 맞는데다 눈은 〈너희 죄가 주홍 같이 붉을지라도 눈과 같이 희어질 것이라〉(사 1:18)는 말씀처럼 속죄의 이미지에도 부합하고, 또 일상의 진부함을 벗어나 온 세상을 한순간 순백의 세계로 변화시켜주는 위대한 자연의 은총이라는 점에서도 모두가 화이트 크리스마스를 꿈꾸게 되는데 특히 아이들은 산타 할아버지가 루돌프 사슴이 끄는 눈썰매를 타고 각 가정에 선물을 택배 한다고 믿기에 더더욱 눈 오는 성탄 이브를 고대합니다.

이달 마지막 주일(28일)부터 대강절에 들어가는 올 성탄절은 어떨까요?

기상청은 화이트 크리스마스 확률을 31.3%라고 발표했습니다.

정호승 시인은 〈첫눈 오는 날 / 만나자는 약속이 없으면 / 늙기 시작한 것〉이라고 했고, 가수 에일리는 〈첫눈처럼 너에게 가겠다〉고 노래했는데 여러분도 올해는 눈 오는 날 설레는 가슴으로 누군가를 기다리고 또 화이트 크리스마스를 고대하며 더욱 젊고 행복한 연말 보내시길 빕니다.

추석 즈음

하루가 다르게 한가위 보름달이 휘영청 차오르고 있습니다.

그러나 세상 분위기는 여전히 조심스럽고 추석 연휴가 시작되는데도 착 가라앉은 느낌입니다.

아예 귀성을 막은 건 아니지만 올 추석 역시 언택트 명절이될 게 뻔하고, 〈위드 코로나〉의 새 규범을 가늠하는 중요한 분수령이 될 것 같다는 생각에 다들 조금은 긴장한 눈치입니다.

사실 추석이나 설날 같은 우리네 전통 명절은 언제나 집안 가득 풍기는 고소한 기름 냄새와 함께 왔습니다.

명절 준비의 8할은 전 부치는 일이라 할 만큼 부침개의 비중이큰 게 우리의 명절 분위기지만 요즘은 딱히 그렇지도 않습니다.

다 사다 먹거나 사서 젯상에 올립니다.

명절 음식은 그런 것 같습니다.

평소에는 거의 잊고 지내다 설이나 추석 즈음이 되면 꼭 그맛과 냄새가 떠오르며 전 생각이 나게 한다는 겁니다. 또 명절 음식은 당일 한 상 차려놓고 먹을 때보다도 하루 전날 지글지글 프라이팬에서 굽자마자 후후 불며 먹어야 제 맛이라는 겁니다.

그러나 이젠 그런 풍경도 다 옛 추억이 되고 말았습니다.

각종 재료를 사다 다듬고 씻고 부침가루에 개고 기름 냄새를 맡아가며 몇 시간씩 서서 혹은 쪼그리고 앉아 전 부치는 일이 끔찍해 요즘은 다 재래시장이나 동네 반찬가게에서 사다 쓰는 게 당연시 된 겁니다.

전에 경상도에서는 명절 때 꼭 배추전을 부쳤습니다.

다른 건 몰라도 배추전 없는 명절상은 상상할 수도 없었습니다.

주로 마당 가장자리에 솥뚜껑을 뒤집어 놓고 불을 지피며 생 배춧잎을 몇 장씩 펴 부쳤기에 거칠기도 했지만 크기도 멍석만 했습니다. 그러다보니 비주얼로 따지면 배추전 만큼 남루하고 초라하고 사진빨 안 받는 음식도 없을 겁니다.

따라서 다진 고기나 해물전 등에 익숙한 서울 사람들에게는 취향에도 안 맞지만 누가 권해서 한 닢 먹어 본 경우도 밍밍한게 역시 니 맛도 내 맛도 아니라는 표정입니다.

그러나 영남 지방에서는 배추전 없으면 더 이상 명절상도, 잔칫상도, 젯상도 없습니다.

거기서는 전이란 곧 배추전을 뜻하고, 배추전은 곧 모든 전의 대명사입니다.

아닌 게 아니라 우리네 전통 상차림에서 식어도 맛 나는 음식이 과연 몇이나 될까요?

그런데 배추전은 식었을 때도 결대로 찢어 초간장이나 달래 간장에 찍어먹는 맛이 일품입니다.

또 세상에서 가장 부치기 쉬운 게 배추전이고, 따뜻하면 따뜻한 대로, 식으면 식은 대로 언제 먹어도 물리지 않는 게 배추전입니다.

아삭한 식감을 좋아하면 생배추로, 부드러운 식감을 원하면 한 풀 숨이 죽은 배추나 아예 절임배추로 부치면 좋고, 봄동으로 부치거나 고춧가루를 넣지 않은 백김치로 부쳐도 그만입니다.

지금도 권 권사님은 추도식이나 명절 때 알배기 배추전 만큼은 꼭 부치십니다.

덜큰한 배추 맛과 고소한 기름 맛이 어우러진 배추전 한 점을 입에 넣어야 비로소 명절을 실감했던 옛 시절의 추석 정취, 그러나 지금은 하루하루가 예측할 수 없는 혼란스런 일상인데다 여기저기서 참으로 많은 일들이 벌어지고 있는 코로나 시대 추석맞이 2년차입니다.

더구나 올해는 강원도 고랭지 배추가 가을장마에 다 녹아 농민들의 한숨이 깊어지고 있다고 합니다.

또 식당, 학교 급식, 추석 대목 수요까지 큰 폭으로 줄어 가격마저 폭락한 상황이라 배추 농가들이 다 파산 지경에 처했다니 안타깝기가 그지없습니다.

그럼에도 올 추석에는 눈이 시리도록 밝고 환한 보름달을 쳐다보며 모두 한바탕 크게 웃었으면 좋겠습니다.

지금처럼 마스크 안에 숨긴 미소가 아니라 서로서로 얼굴을 다 드러내고 마음껏 웃는 그런 명절이 오기를 간절히 기도했으면 좋겠습니다.

고향은 못가도 촉촉하고, 담백하고, 깔끔한 배추전에 한번 도전해보시는 것도 시름에 빠진 농가에 작은 힘이나마 보태는 일이 될 것 같습니다.

모쪼록 주 안에서 전처럼 고소하고 복된 명절 되시길 빕니다.

가을비 소고

가을이 오는 길목에 추적추적 비가 내립니다.

반짝했던 지난여름 장마와는 달리 길게 이어지는 가을장마로 농가들의 시름이 깊어지고 있습니다. 〈코로나19〉에 가을장마까지...

추석을 앞둔 서민들의 삶도 더 팍팍해지지 않을까 걱정스럽습니다.

이 세상에서 평평한 길이란 없습니다.

울퉁불퉁하고 경사진 곳도 있고 심하게 패인 곳도 있기 마련입니다.

평소에는 잘 모르지만 요즘처럼 비라도 내리는 날이면 그 모든 굴곡들이 금방 다 드러납니다. 그래서 옹기종기 모인 물방울들이 고여 작은 거울처럼 하늘을 떠가는 구름을 비추기도 하고, 어디가 높고 어디가 낮은지도 확인시켜주고, 또 옴폭한 웅덩이가 어디인지도 쉽게 알려줍니다.

사람의 마음도 딱 그런 것 같습니다.

해 뜨는 날이 있고, 비 오는 우울한 날도 있고, 장마처럼 마음의 습도가 오래 지속되는 때도 있습니다. 그리고 저마다 마음에 패인 그 상처에 빗물이 고이고, 거기에 언뜻언뜻 이루지 못한 꿈, 누리지 못한 사랑, 공포, 외로움, 콤플렉스 같은 어두운 그림자가 어른거리기도 합니다.

우리는 다 자기만 그렇게 아프고 유난히 외로운 줄 압니다.

다른 사람들은 모두 웃고 즐거워하고 행복해 하는데 나만 언제나 외톨이인 것 같고 고독하고 아픈 것처럼 느껴집니다.

그래서 때로는 병적으로 남의 감정을 확인하려 듭니다.

언제 슬픈지, 왜 기쁜지, 근심은 없는지, 뭣 때문에 늘 웃는지, 행복한 이유가 뭔지를 상대가 질리도록 집요하게 추궁하기도 합니다.

너무도 당연한 얘기지만, 이 세상에서 슬프지 않고, 걱정 없는 사람은 없습니다.

저 거리의 수많은 사람들, 모두가 시침을 떼고, 마스크로 가려서 그렇지 다 각자의 외로움과 각자의 슬픔, 각자의 서러움과 허무감을 안고 살아갑니다.

세상에는 나만 특별대우를 받을 일도 없지만, 또 나만 터무니없이 황당한 일을 당하며 사는 법도 없습니다.

알고 보면 우리는 다 고만고만한 아픔을 늘 공평하게 나눠 당하며 삽니다.

심지어 우리는 나이조차도 공짜로 먹지 않습니다.

반드시 나잇값을 치러야 합니다. 누구나 먹는 나이라고 시간만 가면 그냥 한 살 두 살 더해지는 게 아니라 음식을 먹고 값을 지불하듯 꼭 그렇게 대가를 치뤄야 합니다.

갈수록 직장에서 사회에서 배제 당하는 거며, 병원을 자주 드나드는 일이며, 가정에서 점점 더 천덕꾸러기가 되어가는 일 따위가 다 이를테면 내가 피할 수 없이 지불해야 하는 호된 나잇값입니다.

요즘 저는 그렇게 나이가 들며 좀 더 예민해진 감정 탓인지 시시각각 전해지는 우리 사회의 여러 현상들이나 보도들이 참 불편하고 때로는 꽤나 괴롭습니다.

수많은 사람들에게 분노와 아픔과 상처를 주고도 아무런 반성이나 성찰도 없이 태연자약하거나 되래 적반하장의 뻔뻔함을 보이는 사람들이 몹시 마음을 서글프게 하고, 그래도 상식을 존중하며 살아가는 다수 국민들은 말도 안 되는 그런 상황을 접하며 이중 삼중의 스트레스를 받는 현실이 참 속상하고 안타깝습니다.

정말 이 대한민국에서의 행복이란 요원한 것일까요?

어쩌다 우리 사회가 이토록 철면피해졌을까요?

가슴에 손을 얹고 양심의 소리에 귀를 기울이는 따위는 진즉 다 사라지고 말았습니다.

이미 권력이며 부며 명예를 잔뜩 움켜쥐고도 더 갖지 못해 안

달하는 기득권자들, 행복이란 나 홀로 느끼는 쾌감이 아니라 더불어 누릴 때 다가오는 보람과 만족감이 아닐까요?

과연 우리는 지금 어디로 가고 있는지, 나는 지금 과연 어떤 길을 걷고 있는지 각자가 신앙 양심과 가장 보편적인 상식의 소리에 다시 한 번 귀를 기울여 보면 좋겠습니다.

매년 가을이 되면 저는 부끄럽고 쓸쓸해집니다.

서늘한 새벽 공기가 저를 부끄럽게 하고, 아득히 높아진 가을 하늘이 저를 더욱 쓸쓸하게 합니다.

〈희랍인 조르바〉의 작가 〈니코스 가잔차키스〉의 묘비에는 이렇게 적혀 있습니다.

나는 바라는 게 없다.
나는 두려운 게 없다.
나는 자유인이다.

올 가을의 기도는 꼭 무엇을 바라고 구하기보다 내 가난한 영혼에 대한 깊은 감사가 우선 되어야 하지 않을까요?

자유인의 기도란 진정으로 그런 감사의 기도가 아닐까요?

이번 비가 그치고 나면 공기도 햇볕도 풀벌레 소리도 한결 더 가을스러워질 것 같습니다.

소나기

지난 주일 오후 탄천변을 걷다 소나기를 만났습니다.

예보가 있었던 터라 나름 빨리 다녀 올 요량으로 집을 나섰다 돌아오는 길에 옴팡 뒤집어썼습니다.

비에 젖은 모습은 처연합니다.

어디 마른자리에 앉지도, 가만히 서 있기도 뭣해 그저 비가 그치기만을 기다리며 다리 밑을 서성이다 빗방울이 좀 잦아들 무렵 돌아왔는데 소나기는 무더운 여름철에 맞아도 으슬으슬 한기가 들 만큼 찹니다.

덕분에 밤에는 가볍게 열이 오르고 두통에, 목까지 아파 새벽이 되자 덜컥 겁이 났습니다.

이거 코로나 아니야?

결국 월요일 오후 처음으로 선별 검사소를 찾았습니다.

긴 검체 채취 면봉을 콧구멍 깊숙이 밀어 넣고 휘휘 저을 때는 불쾌했지만 그래도 이튿날 아침 〈조성노님은 8월 9일 코로나 PCR 검사 결과 '음성(이상 없음)'입니다〉라는 문자를 받고 나자 안도감과 함께 받길 잘 했다는 생각이 들었습니다.

요즘은 초등학교 검인정 교과서에도 나온다던데 저희 때는 중학교 1학년 교과서에, 그것도 전문이 아니라 토막 난 지문으로 실린 황순원의 단편 〈소나기〉가 제 인생의 첫 소설이었습니다. 너무 감미롭고 어린 마음에도 구구절절 와 닿아 단어 하나하나, 문장 하나하나까지 거의 다 외다시피 했던 기억이 아련합니다.

〈소년은 개울가에서 소녀를 보자 곧 윤 초시네 증손녀 딸이라는 걸 알 수 있었다. 소녀는 개울에다 손을 잠그고 물장난을 하고 있었다. 서울에서는 이런 개울을 보지 못하기나 한 듯이〉로 시작되는 〈소나기〉는 사춘기 소년소녀의 순수하고도 가슴 아릿한 사랑을 가장 간결하고도 절제된 언어로 펼치는 수채화 같은 이야기입니다.

문득 소녀가 던진 조약돌을 내려다 보았다.
물기가 걷혀 있었다. 소년은 그 조약돌을 주머니에 넣었다.
숨어서 내가 하는 꼴을 다 엿보고 있었구나.
소년은 달리기 시작했다. 디딤돌을 헛디뎠다.
한 발이 물속에 빠졌다. 더 달렸다.
소녀가 허수아비 줄을 잡더니 흔들어댄다.

허수아비가 우쭐거리며 춤을 춘다.

소녀의 왼쪽 볼에 살포시 보조개가 패였다.

소년이 무슨 생각을 했는지 수수밭 쪽으로 달려갔다.

세워 놓은 수숫단 속을 헤집어 보더니

소녀 쪽을 향해 손짓을 한다.

엄청나게 물이 불어 있었다. 제법 붉은 흙탕물이었다.

뛰어 건널 수가 없었다. 소년이 등을 돌려댔다.

소녀가 순순히 업히었다.

걷어 올린 소년의 잠방이까지 물이 올라오자 소녀가

'어머나'하고 소리를 지르며 소년의 목을 끌어안았다.

소녀와 헤어져 돌아오는 길에 소년은 혼잣 속으로

소녀가 이사를 간다는 말을 수 없이 되뇌어 보았다.

무에 그리 안타까울 것도 없었건만 소년은

지금 자기가 씹고 있는 대추알의 단맛을 모르고 있었다.

소년과 소녀의 썸 타는 얘기가 비록 소녀의 죽음으로 끝나지만 〈소나기〉는 오래 기억될 우리 모두의 소중한 추억이자 풋풋하고도 동화 같은 사랑 이야기입니다.

소설이 구태여 이름을 붙이지 않고 〈소녀〉와 〈소년〉이라며 보통명사를 쓴 것도 바로 그 때문일 것입니다.

우리가 다 한 때는 그 〈소녀〉고 그 〈소년〉이었다는 것입니다.

그래서 〈소나기〉는 우리 모두의 이야기이자 우리 모두의 시린 추억입니다.

코로나로 인해 우리의 일상이 아무리 초췌하고 피폐해졌다 해도 우리에게는 여전히 순수하고도 아름다웠던 옛 추억이 있었음을 잊지 마십시오.

연일 쏟아지는 확진자 수에 불안감을 넘어 공포감마저 드는 요즘이지만 그래도 한 바탕 소나기가 쏟아지고 나면 하늘에 아름다운 오색 무지개가 뜬다는 사실도 기억하셨으면 좋겠습니다.

부디 한여름 소나기처럼 〈코로나19〉도 그렇게 빨리 지나가기를 간절히 바래봅니다.

찔레꽃

제가 퇴근 후 한 시간씩 걷는 탄천 변에 찔레꽃이 하얗게 피었습니다.

찔레꽃은 볕을 좋아해 숲속 그늘진 곳에서는 볼 수 없고 언덕이나 양지 바른 돌무더기, 개울가 같은 데서 잘 자라는데 꽃의 질박함이나 소박함이 애잔해 흰옷을 즐겨 입었던 우리 민족의 정서에 가장 잘 어울리는 토종 야생화입니다.

꽃은 크지 않지만 쌉싸름한 향기가 강렬해서 야산과 높고 낮은 언덕이 많아 유난히 찔레꽃이 흔했던 안동 지방에서는 오래 전부터 이 꽃을 따다 안동소주 방식으로 증류해 여성들의 화장수로 사용해 왔는데 이를 〈꽃이슬〉이라고 불렀습니다.

오월이 되면 그동안 다투어 피던 화려한 봄꽃들이 다 지고 맨 마지막에 찔레꽃이 피는데 이 무렵이 바로 모내기철과 겹치기 때문에 농부들은 이 때 드는 가뭄을 〈찔레꽃 가뭄〉이라 부르며 애간장을 태웠습니다.

또 찔레꽃 피는 오월은 춘궁기입니다.

그래서 먹을 게 지천인 요즘 아이들에게는 전설 같은 이야기지만 시골 출신의 나이든 사람들에게는 찔레꽃이 언제나 허기졌던 보릿고개의 서러운 추억을 소환합니다.

통통하고 연한 찔레 순을 꺾어 껍질을 벗기고 먹으면 아삭한 식감과 함께 덜척지근한 풋내가 입 안 가득 퍼지면서 잠시나마 허기를 잊게 하는데 저는 지금도 찔레꽃 향기를 맡으면 어린 시절의 그 애달픔과 아련함에 젖곤 합니다.

찔레꽃에는 전해지는 옛 설화가 있습니다.

고려시대 얼굴이 몹시 희고 고운 한 소녀가 원나라에 공녀로 끌려가 긴 세월을 보낸 후 가족들에 대한 그리움에 견딜 수 없어 천신만고 끝에 다시 고향을 찾아오지만 모두 떠나고 없어 아무도 만나지 못한 채로 죽어 하얀 꽃으로 피었다는 슬픈 전설입니다.

그래서 찔레꽃의 꽃말은 〈가족에 대한 그리움〉입니다.

소리꾼 장사익의 〈찔레꽃〉입니다.

하얀 꽃 찔레꽃 순박한 꽃 찔레꽃 별처럼 슬픈 찔레꽃 달처럼 서러운 찔레꽃
찔레꽃 향기는 너무 슬퍼요 그래서 울었지 밤새워 울었지
찔레꽃 향기는 너무 슬퍼요 그래서 울었지 목놓아 울었지

찔레꽃 향기는 너무 슬퍼요 그래서 울었지 밤새워 울었지
찔레꽃처럼 울었지 찔레꽃처럼 춤췄지
찔레꽃처럼 날았지 당신은 찔레꽃

가장 한국적인 목소리, 가장 한국인의 혼이 많이 느껴지는 노래라는 〈찔레꽃〉에 대해 장사익은 이렇게 말했습니다.

1995년 5월 어느 날 길을 가는데 문득 바람결에
좋은 향기가 전해지는 게 아니 것시유?
장미향인 줄 알고 그 향기를 따라가 봤더니
장미꽃이 아니었시유.
덤불 뒤에 숨어 있는 찔레꽃 향기였시유.
그걸 보자마자 눈물이 왈칵 쏟아지데유.
이게 바로 나로구나!
더 이상 내려갈 곳 없는 내 처지가 바로 이 찔레꽃이로구나!
그래서 정말 그 자리에서 목놓아 울었시유.
한참을 울다 말고 돌아와 만든 노래가 바로
이 '찔레꽃'이지유.

금주 화요일이 5.18 41주기입니다.
찔레꽃 향기가 진동하던 40여 년 전 그 날의 모진 상처가 하루 속히 아물어 하아얀 새살이 돋아나기를 진심으로 기원합니다.

도다리 쑥국

금주가 설 주간인데 봄의 문턱이라는 〈입춘〉은 벌써 지났습니다.

어쨌거나 저는 봄이 하루라도 빨리 왔으면 좋겠습니다. 그래서 따스한 봄바람이 사람들의 언 마음도 녹이고 여전히 우리 모두를 힘들게 하는 코로나 바이러스도 봄눈 녹듯 좀 소멸시켜 주길 바래봅니다.

사실 저는 내륙 사람이라 남녘 도서지방의 계절식인 〈도다리 쑥국〉을 알 턱이 없습니다.

그런데 몇 년 전부터 봄 심방 때면 으례 도다리 쑥국을 먹었습니다.

선릉에 있는 남궁 집사님 사무실을 찾으면 거의 정해진 점심 메뉴가 봄 향기 가득한 도다리 쑥국이었습니다.

물 때 따라 통영에서 매일 공수하여 준비한다는 〈통영집〉의 도다리 쑥국은 저로 하여금 〈제철이라는 봄 도다리와 바닷바람 맞고 자란 여린 해쑥의 오묘한 조합이란 게 바로 이런 거구나〉하는 깨달음을 줬다고나 할까요.

어딘지 모르게 약간은 달고 깔끔하면서도 투명한 국물을 한 숟갈 입에 떠 넣는 순간, 쑥향이 혀끝에서 코로, 다시 온 몸으로 퍼지고 촉촉하고 부드러운 도다리 살은 차라리 입에서 〈녹는다〉는 표현이 더 어울릴 듯...

전에 제가 먹었던 경상도식 쑥국은 거의 묽은 된장국 비주얼이었는데 도다리 쑥국은 밍밍하지 않을까 싶을 만큼 맑고, 해쑥이 우러나 푸르스름한 옥빛이 감도는 국물인데 그게 그렇게 입 안 가득 봄을 선사할 줄은 미처 몰랐습니다.

다른 재료는 거의 더하지 않은 듯한 그 담백한 국물이 겨우내 닫혔던 가슴과 막혔던 기운을 확 뚫어주는 듯한 느낌까지 받곤 했습니다.

아직 날은 추워도 통영 시장에는 정월부터 쑥이 나오기 시작한다고 합니다.

겨울 해풍을 맞고 자란 여린 애쑥은 그 자체가 이미 약이라고 합니다.

해안가 뭍에 쑥이 돋아날 무렵이면 제주도 인근에서 겨울 산란기를 보낸 도다리가 통영 앞바다까지 올라오는데 요때 잡히는 도다리가 가장 실해 육지의 애쑥과 만나면 최상의 맛과 향을 조합해 봄의 전령사 노릇을 톡톡히 한다는 것입니다.

쑥은 단군신화에도 나오는 영험한 약재 아닙니까?

곰이 쑥을 먹고 인간으로 환생했다지 않습니까.

또 도다리는 대표적인 흰살 생선으로 단백질의 보고입니다.

따라서 봄 도다리와 해쑥은 그야말로 자연의 기운과 모진 생명력을 품은 〈봄의 보양식〉으로 딱인 것 같습니다.

남해안 도서에는 〈도다리 따라 봄이 온다〉는 말이 있다는데, 올해는 아직 좀 이릅니다.

더구나 〈코로나19〉로 봄 심방이 물 건너 간 작년에도 그랬지만 올해도 역시 선릉의 〈통영집〉 찾을 일은 없어졌습니다.

그러나 분당에도 잘 하는 집이 있다니 찾아볼 생각입니다.

그래서 봄이어서 도다리 쑥국이 아니라 도다리 쑥국을 먹어야 봄이 오기라도 하듯 올해는 꼭 좀 일찍 먹고 한 발 앞서 새 봄을 맞고 싶습니다.

벌써 제주에는 매화가 피었다는 소식입니다.

집합금지와 거리두기 조치가 여전한 설 연휴지만 모쪼록 안락하고 평안한 재충전의 시간 되시길 빕니다.

커피향 같은 감사

가끔 〈코로나가 과연 언제 끝날까?〉 〈끝이 있을까?〉하고 자문하다가도 〈아마 끝이 없을 것이라〉는 생각에 미치면 절망스러워지곤 합니다.

또 〈여름이 지나면 끝나겠지〉 〈올 안에는 끝나겠지〉 〈내년이면 백신이 나오겠지〉하고 구체적인 시한을 설정하면 그게 좌절될 때마다 내 정신건강에 타격이 되어 나중에는 아예 그 어떤 희망이나 긍정적인 기대도 못 갖게 될 것 같다는 생각이 들기도 합니다.

따라서 이 상황이 결코 빠른 시일 내에 해소되기는 어려울 것이라는 냉정한 현실 인식과 그러나 반드시 이길 것이라는 희망을 동시에 가지는 낙관적 마인드가 어느 때보다 절실해 보이는 요즘입니다.

다음 주일이 올 추수감사절입니다.
요즘 우리는 대부분 농사를 지으며 살지는 않습니다.

그럼에도 누군가가 땅을 가꾸어 생산한 먹거리로 사는 건 사실입니다.

닷새마다 열리던 시골 장터도 까마득한 옛 풍경이 된 시대, 이제는 간밤에 휴대폰으로 주문한 싱싱한 먹거리가 이른 아침이면 문 앞까지 로켓 배송되고, 그것도 귀찮으면 아예 조리된 음식이 따끈따끈한 상태로 택배 되어 아침 식탁에 오르는 시대를 살아가고 있으니 갈수록 〈추수감사〉라는 개념이 〈맥추감사〉만큼이나 낯설어지고 있는 건 어쩔 수 없는 노릇입니다.

그러나 우리에게는 여전히 하루하루, 순간순간 감사해야 할 일들이 참 많고 더구나 한 해가 저무는 이즈음에는 지난 시간들을 돌아보며 감사의 기억들을 소환하는 일이 결코 무익한 게 아님을 깨닫지 않을 수 없습니다.

그게 바로 이 시대에도, 〈코로나19〉로 거의 죽음 같은 세월을 살면서도 우리가 〈추수감사절〉을 잊을 수 없는 이유이기도 합니다.

오늘도 이른 아침 잠자리를 털고 일어나셨습니까?

반드시 다시 깬다는 보장도 없는데 그렇게 기상하셨다면 기꺼이 감사하십시오.

〈여호와께서 사랑하시는 자에게 잠을 주신다〉(시 127:2)는 사실을 자신에게 일깨우며, 〈주의 사랑과 자비가 아침마다 새롭고 주의 진실하심이 늘 참 되고 크시도다〉(애 3:23)며 찬양하십시오.

오늘도 당신 곁에 남편이 있고 아내가 있고, 자녀들이 있고, 아침저녁 전화로 카톡으로 안부를 묻는 성도나 친구, 사랑하는 사람이 있습니까?

하나님이 당신에게 주신 최고의 선물입니다.

지금 당신이 누리고 있는 가장 아름다운 축복입니다.

그들이 있어 내가 올해도 상실감, 외로움, 아픔, 슬픔을 견디며 혹독한 〈코로나〉의 와중에도 여기까지 온 것입니다.

오늘도 커피 한 잔 드셨습니까?

생각해보면 반만년 이래 요즘 같은 때는 없었습니다.

세상에 좋다는 커피는 이 대한민국에 다 있습니다.

솔직히 저는 이거 하나만으로도 감사해 죽겠습니다!

브라질, 과테말라산 아라비카를 비롯해 콜롬비아, 자메이카, 온두라스, 코스타리카, 케냐산 로부스터까지 뭐든 다 즐길 수 있습니다. 언제든 원하시는 커피 한 잔을 마실 수 있다면 깊이 감사하십시오. 그게 행복입니다.

부디 이 아름다운 감사의 계절에 우울한 상상보다는 〈너희를 향한 나의 생각은 평안이요 재앙이 아니니라. 너희에게 오직 미래와 희망을 주는 것이니라〉(렘 29:11)하신 말씀을 사색하십시오.

정녕 가슴 저 깊은 곳에서부터 진한 커피 향 같은 감사가 솟아나 당신을 절로 미소 짓게 할 것입니다.

선물 같은 가을 하늘

요즘은 이른 새벽에도 하늘이 새파랗습니다.

지난 열 달 가까이 코로나에 시달리고 지친 우리에게 하나님이 주신 선물 같은 가을 하늘, 저는 요즘 하늘을 바라보는 것만으로도 힐링이 되는 것 같습니다.

파아란 하늘을 보면 문득 독일 하이델베르크의 가을이 생각납니다.

1979년 10월 1일 처음 유학길에 올라 프랑크푸르트 공항에서 열차편으로 찾아갔던 하이델베르크는 아름다운 동화의 나라이자 어느 낭만적인 중세의 도시 같았습니다.

대학 뒤쪽 언덕 위에는 허물어진 커다란 성채가 있고, 그 고성 위쪽 가장 높은 곳에는 독일연방정부가 하이델베르크 대학에 위탁해 운영하던 어학원 〈ISZ〉가 있었는데, 당시 저는 〈본〉 대학에 신청한 입학 허가서를 기다리며 1년 중 가장 하늘이 맑다는 10월 한 달을 그 하이델베르크 〈ISZ〉에서 보내며 독일의 가을을 만끽했습니다.

어학원에서 내려다보이는 고성과 마로니에 잎사귀의 고운 단풍이 어우러진 하이델베르크의 가을은 정말 낭만의 극치였습니다.

시가지를 길게 관통하며 흐르는 네카강의 〈칼 테오도르〉 다리를 건너면 〈철학자의 길〉(Philosophenweg)이 이어지고 괴테, 칸트, 헤겔, 야스퍼스, 막스 베버를 비롯한 수많은 근세 독일의 철학자, 문학가들이 사색에 잠겨 걸었던 그 유명한 강변 산책로를 따라 걷다 보면 곳곳에 놓인 벤치에 앉아 맑고 투명한 햇볕과 푸른 가을 하늘을 쳐다보며 심호흡을 하는 사람들을 많이 만납니다.

하이델베르크는 원래 대학도시입니다.

하이델베르크 대학은 체코의 프라하 대학, 오스트리아의 빈 대학에 이어 1386년 유럽에서 세 번째로 문을 연 실로 유수한 대학입니다.

16세기에는 루터파와 칼빈파 간의 신학 논쟁이 가장 치열하게 벌어졌던 종교개혁의 보루이기도 했는데 당시 두 계파 간에 첨예한 대립을 보인 주제는 〈죄〉에 대한 논쟁이었습니다.

루터파는 여전히 윤리적 기준의 유효성을 강조한 나머지 율법주의라는 비판을 받은 반면, 칼빈파는 오직 믿음의 잣대만을 주장함으로써 무정부주의라는 비판을 받기도 했습니다.

성경에 나오는 〈죄〉란 히브리어 〈하타〉를 가리키는 말로, 이는 〈과녁에서 어긋나다〉는 뜻입니다. 그렇다면 쏜 화살이 표적에서 빗나간 게 어째서 〈죄〉가 될까요?

고대 수렵시대를 생각해 보십시오. 표적을 벗어난 화살이 엉뚱하게 다른 생명을 해쳤다면 그 얼마나 큰 낭패요 비극이었겠습니까? 그래서 히브리인들은 〈하타〉에서 〈죄의 원형〉을 보고 이를 신앙의 눈으로 재해석 했던 것입니다.

고대 동양인들은 또 어땠을까요?

한자에서 〈죄〉(罪)란 〈그물 망〉(罒) 부수 아래 〈아닐 비〉(非)가 합쳐진 글자입니다.

특히 이 〈비〉(非) 자는 날아가는 새가 서로 등을 지고 있는 모양의 상형문자인데, 그렇다면 이 두 자가 합쳐져서 하필이면 왜 〈죄〉(罪)가 됐을까요?

마음을 같이 해야 할 존재들이 머리 위로 그물이 덮치는 위기조차도 모른 채 서로를 등지다 한 번 제대로 날아 보지도 못하고 사로잡힌다는 뜻이니 과연 〈죄〉로 규정해 옳지 않습니까?

이처럼 동양이든 서양이든 또 고대 히브리인이든 〈죄〉란 곧 공동체의 생명과 안전을 위협하고 해치는 빗나간 화살이요, 서로 등을 지고 엇갈리는 반목에 다름 아니었습니다.

신앙도 결국은 우리의 관심과 삶의 화살이 저 파아란 하늘을 꿰뚫고 하나님의 표적을 바로 맞추는 일임을 기억해야 할 것입니다.

그 옛날 노아의 가족이 방주 안에서 바라본 비 갠 하늘도 오늘처럼 저렇듯 쪽빛이었을까요?

삼월의 바다와
새파란 초생달

한국 시문학사에서 모더니즘의 진정한 선구자로 알려진 월북 시인 김기림의 시에서는 마치 은빛 겨울바다를 담은 캔버스에서 파도소리가 들리는 듯하고, 까마득히 잊혀진 어린 시절의 추억들이 막 되살아나는 듯도 합니다.

그는 삼월이 다 가도록 여전히 오지 않는 봄, 쉬 물러가지 않는 겨울을 이렇게 읊었습니다.

아모도 그에게 수심을 일러 준 일이 없기에
흰나비는 도모지 바다가 무섭지 않다.
청무우 밭인가 해서 나려 갔다가는
여린 날개가 물결에 젖어
공주처럼 지쳐서 돌아온다.
삼월달 바다가 꽃이 피지 않아서 서거픈
나비 허리에 새파란 초생달이 시리다.

이것은 단지 계절의 풍경화가 아닙니다.

여기 나오는 나비란 달이 바뀌면 으레히 봄이 오겠거니 하는 우리의 〈순진함〉이며, 때가 됐건만 꽃이 피지 않는 삼월의 바다란 우리의 그런 순진함을 비웃는 거친 세상의 〈영악함〉입니다.

파란 것만 보면 무조건 청무우 밭인가 하여 내려앉았다가 그만 사납고 차가운 파도를 흠뻑 뒤집어쓰고 오늘오들 떨고 있는 나비, 우리는 지금 만월까지는 아직 한참을 더 기다려야 한다는 사실을 저 삼월의 바다 위로 무심히 떠오르는 〈시린 초생달〉을 바라보며 뼈저리게 깨닫고 있습니다.

〈갈릴레오가 잊어버린 또 하나의 별의 이름〉이라는 긴 제목의 시집은 김기림의 시 모음집입니다.

갈릴레오는 중세의 암흑시대를 과학의 이름으로 돌파하면서 우리에게 가장 정직한 천체의 모습을 보여 주려한 사람입니다.

그런데 그 갈릴레오의 망원경으로도 미처 발견하지 못한 별이 있습니다.

그게 바로 〈희망〉이라는 이름의 별입니다.

〈걸리버 여행기〉의 저자 대니얼 디포의 잘 알려지지 않은 저작 〈흑사병 해의 일지〉 서문에는 이런 대목이 있습니다.

내가 이렇게 모든 것을 자세히 기록해 두는 것은
혹시라도 후세에 도움이 될까 하는 마음에서다

극도로 혼란하고 불안했던 당시에도 이미 그런 재앙이 거기서 끝이 아니란 걸 알았던 작가의 마음이 오롯이 담겨있습니다.

온갖 헛소문과 그로 인한 패닉, 재앙을 이용한 돌팔이들의 사기와 나라간의 무역 갈등, 도시 폐쇄, 의심환자 강제 감금, 탈출과 은폐로 인한 감염 확산 등 지금의 〈코로나19〉 사태와 조금도 다를 바 없는 혼란의 악순환이 이어지는 가운데서 작가는 그때도 능동적인 〈자가 격리자〉들만이 살아남았다고 전합니다.

흔히 불안한 마음은 사람을 비이성적으로 만들곤 합니다.
낙담하지 맙시다.
스스로 생의 기운을 꺾지 맙시다.
남의 절망을 도와주며 힘껏 서로의 삶을 격려합시다.
삼월의 바다가 아무리 시리다 해도 봄은 이제 지척입니다.
〈희망〉이 바로 이 어두운 시대를 밝히는 〈또 하나의 잊혀진 별의 이름〉인 것을 기억합시다.

솔로몬은 처음 예루살렘 성전을 건축하고 이렇게 기도했습니다.

만일 이 땅에 기근이나 전염병이 돌거나 곡식이 시들거나 깜부기가 나거나 메뚜기나 황충이 나거나 적이 와서 성읍을 에워싸거나 무슨 재앙이나 무슨 질병을 막론하고 한 사람이나 혹 주의 온 백성이 다 각각 자기의 마음에 재앙을 깨닫고 이 성전을 향하여 기도와 간구를 하거든 주는 계신 곳 하늘에서

들으시고 사하시며 각 사람의 마음을 아시오니 그들의 모든
행위대로 갚으시옵소서. 주만 홀로 사람의 마음을 다 아심이
니이다(왕상 8:37-39).

우리 모두 살아남아 다시 보게 되기를,
다 마스크를 벗은 맨 얼굴로 따뜻한 봄을 맞게 되기를...

겨울의 문턱에서

지난 수요일 밤 온다던 첫눈이 소설(小雪)을 지나 어제서야 내렸습니다.

이 나이에도 〈첫눈!〉하면 심쿵하는 건 대체 뭘까요?

정호승 시인은 〈사람들은 왜 첫눈이 오면 만나자고 약속하는 것일까 / 사람들은 왜 첫눈이 오면 그렇게들 기뻐하는 것일까 / 왜 첫눈이 오는 날 누군가를 꼭 만나고 싶어 하는 것일까〉(첫눈 오는 날 만나자)라고 했는데, 제 생각에는 첫눈이 우리 모두를 동심으로 데려가기 때문인 듯합니다.

어쩌면 첫눈은 우리 모두의 아련한 향수인지도 모릅니다.

그래서 오래 잊고 살아 온 옛 시간 옛 친구들을 떠올리며 잠시나마 추억과 그리움에 잠기게 하는 것 같습니다.

첫눈을 허락하신 하나님의 은총 앞에서 경건해지지 않을 사람이 있을까요?

더구나 요즘처럼 어려운 때 저렇듯 펑펑 첫 눈이 내리면 그 숭고한 자연의 스펙터클 앞에서 환희를 느끼지 않을 강심장이 있을까요?

아무리 메마른 사람이라도 첫눈 오는 날 마음속으로 〈아, 눈이다!〉하고 소리치지 않을 사람이 있을까요?

올해도 저 풍성하게 내린 첫 눈에 부끄러운 것, 아쉽고 속상했던 모든 걸 다 묻어 버립시다.

그렇습니다.

우리의 삶에도 밤이 있고, 겨울이 있습니다.

그래서 바울은 내일을 믿고 새벽을 기다리는 사람들은 부끄럼 없는 새 날을 맞기 위해 모든 때 묻은 것, 추하고 더러운 허물들을 훌훌 다 털어 버리라고 합니다.

해마다 이맘때면 나무들이 그 화려했던 잎사귀들을 모두 늦가을바람에 날려 버리고 매서운 겨울 추위를 준비하듯 우리 인생도 어떤 역경이 닥칠 때 오히려 그 위기를 이용해 자신의 삶을 거추장스럽게 하는 모든 장애물들을 깨끗이 정리하는 계기로 삼으라는 것입니다.

자다가 깰 때가 되었으니... 그러므로 우리가 어둠의 일을 벗고 빛의 갑옷을 입자 낮에와 같이 단정히 행하고 방탕하거나 술 취하지 말며 다투거나 시기하지 말고 오직 주 예수 그리스도로 옷 입고 정욕을 위하여 육신의 일을 도모하지 말라(롬

13:11-14).

사실 우리는 자신의 의지만으로 때 묻은 삶이나 타성에 젖은 습성들을 떨쳐버리기가 결코 쉽지 않습니다.

그러나 어려움이 오고 시련이 닥치면 지금까지 당연시되던 모든 게 그 뿌리째 다 흔들립니다. 그런 의미에서 바울은 밤을 이용해 인박힌 방탕과 술주정, 호색과 싸움, 시기 등을 모두 시련의 바람에 날려버리라는 것입니다.

그런데 바울이 그렇게 놓아버리고 떨쳐 버리라고 한 건 사실 보다 더 든든한 것, 보다 더 소중하고 참된 것을 붙잡기 위해섭니다.

그게 바로 〈그리스도로 옷 입으라〉는 말씀인데, 실은 이게 그의 권면의 초점입니다.

확실히 지금은 낮이라면 해가 기우는 황혼이요 계절이라면 한 해가 저무는 겨울의 문턱입니다.

첫눈도 좋고 낭만적이지만 과연 나는 이 겨울바람에 날려 버려야 할 것이 무엇인가?

나는 정말 예수 그리스도를 옷 입듯 든든히 붙잡고 있는가?에 대한 냉정한 평가와 확인이 더 절실한 때입니다.

겨울이 성큼성큼 다가오고 있는 11월 하순, 다들 따뜻한 빛의 갑옷인 그리스도로 옷 입으십시오!

가을 기도

우리는 요즘 기도를 잊어버렸습니다.

기도가 많이 낯설어 졌습니다.

바쁜 일상 때문이기도 하고, 그저 어려울 때만 절실해지는 탓에 기도가 정말 생소해졌습니다.

믿는 자는 곧 기도하는 사람들이고, 교회는 기도하는 공동체, 만인이 기도하는 집인데 이제는 교회에서 거의 기도가 실종되다시피 했습니다.

갈수록 기도 없이도 살 수 있다는 착각에 익숙해져 가고 있는 현실이 쓸쓸하기 그지없습니다.

〈주여, 때가 왔습니다 / 지난 여름은 참으로 위대했습니다 / 당신의 그림자를 해시계 위에 얹으시고 / 들녘엔 바람을 풀어 놓아 주십시오〉 하고 시작되는 라이너 마리아 릴케의 〈가을날〉도 실은 〈가을 기도〉였습니다.

뜨거웠던 지난 여름을 회고하며 잘 익은 바람의 향기와 함께 감사의 기도를 드린 겁니다.

이렇듯 수도사와도 같은 청빈한 영혼으로 자신을 비우며 마치 긴 편지를 쓰듯 맑고 깨끗한 기도를 드리면 우리의 영성도 가을 하늘빛처럼 투명해지고 더욱 깊어집니다.

릴케의 이 〈가을날〉은 그가 체코의 프라하 대학에서 독일의 뮌헨 대학 문학부로 옮긴 후 낸 생애 첫 시집 〈기도 시집, 1905〉에 실린 시로 자신의 간절한 염원을 시적 언어로 옮긴 〈기도문〉이자 하나님을 향한 그의 치열한 날갯짓에 다름 아니었습니다.

> 남은 과일들이 무르익게 하시고
> 이틀만 더 햇빛을 주사
> 그것들이 다 제 맛을 내게 하시고
> 진한 포도주의 마지막 단맛이 스미게 하소서

시인은 가을 햇볕 속에서 익어가는 과일들의 완숙을 기다리며 주님의 은총과 축복을 빌고 있습니다.

그렇습니다.

〈가을 기도〉가 소중한 것은 과일 내음 그윽한 잘 익은 신앙의 열매, 성령의 열매 때문입니다. 주님은 〈너희가 열매를 많이 맺으면 내 아버지께서 영광을 받으실 것이라〉(요 15:8)고 하셨습니다.

릴케는 가을날 느끼는 서정에 열매와 결실을 더해 하나님의 섭리와 인간의 삶의 깊이를 근원적으로 성찰한 고독과 우수의 시인이었습니다.

이렇듯 〈가을 기도〉는 자신의 삶에 충실하며 소박한 행복을 추구하는 사람들만이 가꿀 수 있는 겸허함이자 경건함입니다.

    이제 곧 겨울이 올 것입니다
    지금 집이 없는 사람은
    더 이상 집을 짓지 않을 것입니다
    지금 혼자인 사람은 그렇게 오래 남아 깨어
    책을 읽고, 긴 편지를 쓰며
    낙엽이 흩날리는 날에는 가로수들 사이로
    이리저리 불안스레 헤매 일 것입니다

릴케의 운명의 겨울은 생각보다 일찍 찾아왔습니다.
흔히 그가 장미 가시에 찔려 사망했다고 하지만 실은 백혈병으로 자리에 누웠습니다.
그리고 1926년 12월 29일 새벽 51세를 일기로 생을 마감합니다.
시신은 그의 유언대로 스위스 라롱의 교회 묘지에 안장되었고, 묘비 역시 그가 유언장에 남긴 그대로 옮겼습니다.

    장미여, 순수한 모순이여, 기쁨이여,
    그 많은 눈꺼풀 아래에서 그 누구의 잠도 아닌 잠이여!

언제 닥칠지 모르는 자신의 운명의 겨울을 준비하는 엄숙함이 바로 오늘 우리의 진정한 〈가을 기도〉입니다.

아메리카노 한 잔의 행복

커피에 대한 교회의 공식적인 승인은 1605년 교황 클레멘트 8세에 의해 이루어졌습니다.

유럽에서 커피의 인기가 점점 더 확산되자 이를 못마땅하게 여긴 사람들이 이슬람권에서 유입된 〈사탄의 음료〉라며 교황에게 커피를 금하는 교서를 내려줄 것을 청원합니다.

교황 클레멘트 8세는 이를 직접 확인하고 판단하기 위해 여러 차례 시음회와 사제들의 공청회를 거쳐 다음과 같은 결정문을 발표합니다.

이 훌륭한 음료를 이교도들만이 즐기는 것은
참으로 안타까운 일이다.
앞으로는 기독교도들도 애용하는 선한 음료가 되도록
내가 주의 이름으로 커피에 세례를 주노라.

교황 클레멘트 8세의 커피 세례와 승인교서를 계기로 유럽 각국에 커피 하우스인 카페가 다투어 생겨나기 시작하면서 오늘날에는 커피 문화가 세계인들의 삶 그 자체가 되다시피 했습니다.

현재 지구촌의 커피 인구는 수억 명에 달하는 것으로 알려져 있고, 심지어 원두 한 톨 안 나는 우리나라에서도 이제는 절대 없어서는 안 될 온 국민의 기호음료가 됐습니다.

독일의 작곡가 요한 세바스찬 바흐는 커피를 〈하나님이 내게 허락하신 유일한 사치〉라며 즐겼고, 모두 10곡으로 이루어진 〈커피 칸타타(BWV 211)〉까지 작곡해 자신의 커피 사랑을 마치 작은 오페라처럼 표현했는데, 조수미가 아주 맛깔나게 부른 제4곡 〈아, 커피의 맛이란 정말 기가 막혀!〉는 경쾌하기가 이를 데 없는 커피향 가득한 아리아입니다.

아, 커피의 맛은 천 번의 키스보다 더 황홀하고,
오래 숙성한 포도주보다 더 달콤해요.
누가 나에게 즐거움을 주려거든
아, 내게 커피 한 잔을 주세요!

유난히 추운 올 겨울, 날씨 뿐 아니라 우리에게 닥친 엄혹한 현실과 이 헛헛한 마음을 달래는 데 따뜻한 아메리카노 만한 게 또 있을까요?

우리 곁에 커피가 없었다면 지금보다 얼마나 더 춥고 더 삭막했을까요?

사람들은 아메리카노가 쓰다지만 저는 언제나 3샷으로 더 깊고 부드러운 풍미를 느낍니다.

확실히 커피는 차를 마실 때와는 또 다른 정서로 우리의 영혼을 적셔줍니다.

이국의 풍경과 진한 향이 갈색의 작은 물결 속에서 환영처럼 흔들리며 우울한 기분을 싹 가시게 하는 커피, 일상의 무게에 지쳐갈 때 아메리카노 한 잔의 여유는 확실히 우리를 행복하게 하고 흐릿해진 정신을 다시금 가다듬게 합니다.

특히 저는 한겨울의 아메리카노를 사랑합니다.

크레마가 흩어지며 부드러운 오일이 혀끝에 섬세하게 녹아들면 순간 기분이 충만해지며 한결 집중력이 업 됩니다.

테이크 아웃한 뜨거운 아메리카노를 작고 납작한 스트로로 한 모금 빨아 입 안에서 한 번 굴린 뒤 목으로 넘길 때의 아찔함도 제겐 가히 예술이라 할 만 합니다.

저는 이번 평창 동계올림픽 기간 중 커피의 성지로 알려진 강릉 안목항 카페 거리를 꼭 한 번 순례하고 싶습니다.

거기서 느긋하게 바다를 바라보며 마시는 아메리카노 한 잔, 그보다 더한 호사는 없을 듯해 벌써부터 기분이 설렙니다.

교회
신자로 산다는 것

피날레

제게는 다알리아가 아련한 추억의 꽃입니다.

어린 시절 고향집 울타리 가에 흐드러지게 피어 늦가을까지 장관을 이루던 꽃,

다알리아는 송이가 크고 탐스러울 뿐 아니라 색깔도 빨강, 노랑, 분홍 등 밝고 다양해 참 화려합니다. 서리가 내리기 시작하면 고모들이 고구마처럼 생긴 다알리아 구근을 한 바케스씩 캐 집안에 갈무리 했다가 이른 봄에 다시 심어 해마다 여름이면 풍성한 꽃잔치를 벌이곤 했습니다.

그런데 다알리아는 질 때가 참 고약합니다.

아름답게 피어나 한 때 화려함과 풍성함을 향유했으면 질 때는 벚꽃처럼 깨끗하게 산화해야 하는데 다알리아의 마지막은 그렇지 못합니다. 질질 추하고 지저분한 모습을 오래 끌고 갑니다. 그래서 순전히 제 개인적인 취향이지만, 또 다알리아를 나랏꽃으로 삼고 있는 멕시코 사람들에게는 죄송하지만 저는 다알리아를 그리 좋아하지 않습니다.

사람도 그렇습니다.

어떤 이는 늙어갈수록 인간미가 풍부해지고 대나무 같은 꼿 꼿함과 정갈함을 보이는 반면 또 어떤 이들은 더 몰염치해지고 어디에 가 붙더라도 살아남으려고 예의 그 다알리아처럼 온갖 추 한 꼴과 치사한 냄새를 다 피웁니다.

고등학교 때 친한 친구 하나가 복막염 수술 후 염증이 가라앉 지 않아 여러 합병증에 시달리다 2주만에 죽었습니다. 제가 병원 을 찾았을 때 그는 제 손을 아프도록 틀어쥐고 〈날 살려줘! 난 죽 기 싫어! 무서워!〉하며 애원했습니다. 평소 누구보다 열심히 교 회를 다니던 친구라 제가 〈하나님을 찾아! 주님을 불러! 기도해!〉 라고 하자 그 친구는 거의 발악을 하듯 〈하나님이 다 뭐야! 그런 건 없어!〉 하며 막 눈물을 흘리다 아파 죽겠다며 빨리 의사를 불 러달라고 호통을 쳤습니다.

그날 밤 저는 그 숨진 친구의 시신 곁에서 참 많은 혼란을 겪 으며 소중한 사실을 깨달았습니다.

마지막이 중요하구나.
사람은 태어날 때보다도 죽는 순간이 더 중요하구나!

성경은 〈모세가 죽을 때 나이 백이십 세였으나 눈이 흐리지 아니하였고 기력이 쇠하지 아니하였더라〉(신 34:7)고 했습니다. 돌 이켜 보면 그의 지난 40년의 여정은 극심한 마음 고생, 몸 고생 의 연속이었습니다. 따라서 옹고집 막무가내에 기력은 완전히 소진되어 사랑은커녕 편견과 오만으로 가득 찬 괴팍한 늙은이가 되어 있었을 법 한데도 그는 결코 그렇지 않았습니다. 오히려 눈빛이 총총하고 기력 짱짱한 청년으로 살다 죽었습니다.

모세의 이런 모습이야말로 오늘 우리가 꼭 본받아야 할 〈유종의 미〉이자 가장 아름다운 인생 〈피날레〉입니다. 제 인생 최후의 로망도 바로 이 모세의 최후입니다. 허영인 줄은 알지만 모세처럼 인생을 마무리 하고 싶다는 욕심은 결코 부인하고 싶지 않습니다.

〈피날레〉란 교향곡이나 오페라 같은 연주곡의 마지막 악장을 뜻합니다.

모차르트의 교향곡인 〈주피터〉나 베토벤의 〈영웅〉, 브람스의 4번 교향곡의 〈피날레〉가 특히 유명합니다. 음악은 〈피날레〉를 잘 장식해야 그 곡이나 연주가 돋보이고 감동이 오래 갑니다.

우리 푸른교회 공동체도 이제 마지막 악장인 〈피날레〉 앞에 섰습니다.

작품의 완성도는 클라이막스인 남은 5개월에 달렸습니다.

〈엔데 굿 알레스 굿〉 (Ende gut Alles gut)
〈끝이 좋으면 다 좋다〉는 뜻의 독일 격언입니다.

수고하셨습니다

포털에서 교회 청소 전문업체를 검색해보면 〈살균 살충 소독 청소합니다〉〈스팀 청소로 마무리함〉〈건식 전용 청소기로 미세 분진까지 제거합니다〉〈성도님들이 만족할 때까지 꼼꼼하게 합니다〉 등의 카피와 함께 3백 개 이상의 용역사들이 뜹니다.

전에는 다 교회 자체에서 해결하던 가장 기본적인 일들이 이제는 모두 외부에 맡겨지다 보니 그 수요만큼이나 업체들이 늘고 있는 것입니다.

하기야 교회 청소는 참 어렵습니다.

우리도 한 때는 여전도회뿐 아니라 남선교회, 실로암회, 청년부까지 당번을 배정해 보기도 했지만 그때마다 결국은 다시 브리스길라와 루디아 몫으로 돌아오곤 했습니다.

청소라는 게 그렇습니다.

늘상 하는 사람들만 하게 되고, 또 잘 하다가도 한 번 빠지면 계속 빠지게 되고, 소수 하는 사람들조차도 보람은커녕 억울함과 스트레스, 자기만 바보 같다는 피해의식에 늘 끙끙 앓기도 합니다.

그러나 우리 교회는 어쨌든 여러분들 덕분에 2004년 8월 20일 입당 이후 지난 18년간 실평수 3백 평이 넘는 이 예배당 공간을 항상 깨끗하고 아름답게 잘 관리해 왔습니다.

늘 습하고 공기 탁한 상가 지하라는 환경에도 불구하고 지금도 여전히 보는 사람들마다 밝고 쾌적하다 할 만큼 상태가 양호합니다.

어찌 청소만이겠습니까? 다른 교회들은 이미 오래 전부터 주방 운영까지도 외부 전문업체에 맡기고 있지만 우리는 스스로 식탁을 준비하고 또 설거지까지 해왔습니다.

그 외에도 꽃꽂이를 위해 애쓰신 분들의 노고도 결코 잊을 수 없습니다.

저는 요즘도 가끔 교회 홈페이지에서 이전 작품들을 감상하는데 조회수를 보시면 아마도 놀라실 겁니다. 2,3천은 보통이고 4천 뷰를 넘어서는 작품도 적지 않을 만큼 대단합니다. 또 매주 가장 긴장하며 봉헌에 임해온 헌금위원들, 계수위원, 수년간 교회 안팎에서 안내를 맡아 수고해 오신 분들의 헌신도 너무 값지고 아름다웠습니다. 특히 백지선 님의 지휘로 성가대에서 봉사하신 분들의 찬양은 늘 교회에 큰 활력이 되고 도전과 많은 위로가 됐습니다.

그리고 또 한 사람 잊을 수 없는 분이 있습니다. 우리 교회 신자는커녕 본인은 정작 불교도를 자처하시는 분인데, 순전히 이망래 권사님 남편이라는 죄 때문에 보증 정도가 아니라 아파트를 담보로 억대의 대출금을 제공하고 수년을 기다렸으니 그동안 얼마나 가슴을 졸이며 노심초사했을까요? 거듭 죄송하고 감사하다는 말씀을 드립니다.

그 외에도 고비 고비마다 담보대출, 신용대출, 연대보증에 동원되시고, 개인 대여금 등으로 불편과 불이익을 감수하신 분들이 적지 않으신데 그나마 단 한 분께도 직접적인 경제적 손실을 끼치지는 않았다는 사실과 이미 오래 전 교회를 떠나신 분께도 연락해 모두 정산을 마무리했다는 사실이 저로서는 그저 감사하고 감사할 뿐입니다.

오래오래 여러분들을 잊지 않고 기도할 것을 약속드립니다.

주님이 기억하사 꼭 갚으시고 보상해주실 것을 날마다 간구하겠습니다.

이제 그동안 푸른교회를 섬기며 져야했던 마음의 짐들과 크고 작은 응어리들, 상처를 모두 내려놓으시고 자유함과 평안함을 누리십시오.

감사합니다! 수고하셨습니다!

잔치국수

푸른교회는 잔치국수와 함께 시작됐습니다.

야탑에서는 상가 5층 공간의 절반이 교회고, 절반은 뜰이어서 매주 그 뜰에 나가 잔치국수로 교제했고, 지금의 이 지하는 주방 문이 주차장 쪽으로 개방돼 있어 그나마 큰 불편 없이 국수를 삶고 들통에 멸치육수를 끓여낼 수 있었습니다.

저는 27년 역사의 푸른교회표 잔치국수를 이제 더는 먹을 일이 없게 됐다는 사실이 아직 잘 실감나지 않습니다. 지난 2년은 코로나 때문에 강제로 쉰 것이라 방역조치만 풀리면 언제라도 다시 먹게 될 줄 알았는데...

잔치국수 한 그릇을 국물까지 다 마시고 나면 왜 속도 마음도 평안해질까요?

잔치국수야말로 한국인들의 인생 국수여서 그렇습니다.

잔치국수는 나눔이자 사랑이고 교제이자 연대며 그리움이자 추억입니다.

서현에도 멸치 우린 육수에 말아내는 잔치국숫집이 있습니다. 저는 아주 가끔 그 집을 찾는데 어느 주일 오후 권 권사님을 모시고 갔더니 기껏 잘 드시고선 왈, 〈우리 교회 국수보다 못하네...〉하기야 저도 안양 새중앙교회 박 목사가 마니아 수준으로 즐기는 양평의 〈죽여주는 동치미 국수〉보다 우리 교회 잔치국수가 더 좋습니다.

성도들과 매주 소박한 식탁에 마주 앉아 후루룩 후루룩 잔치국수 한 그릇을 먹고 나면 영혼까지도 따뜻해집니다. 요즘 같이 무더운 때도, 습한 장마철에도 특별한 고명 없이 그저 김 가루에 양념간장 한 술만 끼얹어도 잔치국수 한 그릇 비우고 나면 기분이 다 시원해지고 개운해집니다.

〈여름에는 역시 소면이지!〉 이것은 일본 영화 〈어느 가족〉에 나오는 대사지만 잔치국수 만큼 한국적인 정서가 듬뿍 담긴 음식도 흔치 않을 것 같습니다.

우리 교회 육수는 북어대가리에 건다시마, 굵은 멸치를 무, 대파, 양파와 함께 들통에 넣고 몇 시간 푹 고웁니다. 거기다 가끔은 청양고추를 몇 개 넣으시던데 그러면 국물이 좀 더 칼칼해지고 담백해집니다. 그래서 저는 국수도 언제나 한 그릇으로 끝난 적이 없지만 국물도 그릇 채 들고 마셔 늘 깨끗이 비웁니다.

잘 익은 교회 김장 김치도 늘 잔치국수와 환상의 조합을 과시하는데, 그러나 고명은 별로입니다.

계란지단과 김 가루 어쩌다 호박채 볶음이나 유부채가 오르기도 하지만 그건 가끔이고, 보통은 김 가루와 양념간장 한 술이 전부! 그럼에도 저는 그 소박함과 가난함이 좋고, 특히 설탕 대신

매실청을 듬뿍 넣어 새콤한 맛과 함께 깔끔한 맛을 자랑하는 양념간장이야 말로 푸른교회표 잔치국수의 화룡점정.

주일 새벽이면 소면을 삶고, 조촐한 식탁을 차리며 성도들을 기다리던 지난 27년의 세월, 이제 우리는 함께 잔치국수를 나누던 아름다운 추억 하나를 남기고 이 푸른 교회를 떠납니다.

날씨가 덥고 습하면 입맛까지 잃기 쉽습니다. 냉면도 좋고 시원한 콩국수도 제격이지만 따뜻한 잔치국수도 그만입니다.

오늘 점심이나 저녁은 남편들이 한 번 나서 보시죠!

배교와 순교

성경에도 하나님의 침묵 앞에서 고통하며 절망하는 수난자들의 절규가 많습니다.

여호와여 어느 때까지니이까 나를 영원히 잊으시나이까 주의 얼굴을 내게서 언제까지 숨기시나이까(시 13편).

내 하나님이여 내 하나님이여 어찌 나를 버리시나이까 어찌 나를 멀리하시며 돕지 아니하시고 내 신음소리를 듣지 아니하시나이까 내 하나님이여 내가 낮에도 부르짖고 밤에도 잠잠하지 아니하오나 응답하지 아니하시고 침묵하시나이다 내 생명을 칼에서 건지시며 나를 사자의 입에서 구하소서(시 22편).

그리고 그 부르짖음이 마침내는 십자가에 달리신 주님의 절규로까지 이어집니다.

나의 하나님, 나의 하나님, 어찌하여 나를 버리셨습니까

1986년 노벨상을 받은 엘리 위젤의 〈하나님에 대한 심판〉(The Trial of God)도 이해할 수 없는 고난과 억울한 죽음에 직면한 인간에 대해 아무런 말씀도, 아무런 조치도 없이 침묵하고 계신 하나님에 대한 유대 랍비 세 사람의 심문과 재판입니다.

제가 오늘 소개하려는 일본인 작가 〈엔도 슈사쿠〉의 〈침묵〉도 바로 그런 하나님의 〈부재〉를 다룬 소설입니다.

저는 이미 이 책을 여러 번 읽었고, 이 글을 쓰기 위해 지난 주중 또 한 번 봤는데 여전히 아름답고 처절해 끝까지 침묵하고 계신 하나님의 존재와 진정한 믿음이 무엇인지에 대해 거듭 생각해보게 한 감동적인 소설이었습니다.

우리 교회가 이 지하 예배당에 입당한 다음해인 2005년 여름 휴가 때 일본 여행을 한 적이 있습니다. 독일에서 함께 유학한 제일교포 2세 목사님의 초청으로 간 것인데 그때 그분의 안내로 나가사키의 한 작은 어촌인 〈소토메〉까지 갔었습니다. 거기에 노벨 문학상 후보군에 단골로 올랐던 〈엔도 슈사쿠〉의 문학관이 있었기 때문인데 그때 본 문학관 앞마당 돌비석에 작가의 이런 글귀가 적혀 있었습니다.

인간은 이다지도 슬픈데, 주여 바다는 너무도 파랗습니다.

저는 그날 그 쪽빛바다 앞에서 진심으로 고개를 숙였습니다.
비문에 적힌 작가의 그 한 마디가 소설 〈침묵〉을 너무도 절묘

하게 대변하고 있었기 때문입니다. 인간은 이토록 아프고 처절한데 마치 아무 일도 없다는 듯 무심한 바다는 오늘도 저토록 파랗고, 하나님은 여전히 감감하시다는 겁니다.

소설 〈침묵〉은 첫 페이지부터 팽팽한 긴장감과 함께 빠른 템포로 전개되며 독자들로 하여금 숨 가쁘게 이야기 속으로 빠져들게 합니다.

17세기 에도 시대 초기 권력을 잡은 〈도쿠가와 이에야스〉는 가톨릭을 금지했고 신자들을 잔혹하게 박해했는데 그 중에서도 〈소토메〉는 가장 끔찍한 고난의 장소이자 가톨릭 신자들이 가장 많이 죽어간 순교의 현장이었습니다. 나가사키 항이 바로 서양의 신문물을 받아들이는 창구였기 때문입니다.

포르투갈 예수회 소속 신부 세바스티안 로드리고 신부는 밀입국하여 소토섬에 잠입하지만 결국은 체포되어 배교를 강요당합니다. 그 방법은 간단합니다. 주님의 성화를 밟고 침을 뱉으라는 것입니다. 그러나 수많은 신자들이 차마 그 성상을 밟지 못하고 침을 뱉지 못해 고문당하다 죽어갑니다. 어떤 한 애꾸눈 사내는 배교를 거부하다 옥사 마당에서 단칼에 목이 잘려 피가 땅바닥에 물줄기처럼 꾸역꾸역 흘러나와 엉기는데 한낮의 따가운 햇살과 건조한 매미소리며 소토메 앞바다의 물빛은 여전히 쪽빛 그대로입니다. 그 잔혹한 현장에서 로드리고 신부가 하나님께 절규합니다. 저들이 다 하나님 신앙 때문에 저렇듯 참혹하게 죽어가고 있는데 하나님은 왜 마냥 〈침묵〉하고 계시냐는 겁니다.

그리고 마침내 로드리고 신부 차례가 왔습니다.

그는 자신에게 가해지는 고문과 박해는 얼마든지 견딜 수 있었으나 자신이 배교할 때까지 계속되는 다른 신자들에 대한 고문 앞에서는 결국 무너지고 맙니다.

〈후미에〉라는 배교의식을 위해 로드리고 신부가 주님의 성상 앞에 섰습니다.

평생 가장 성스럽고 고귀하게 여겨온 주님의 성체를 밟아야 하는 고통이 발을 통해 전율처럼 온몸으로 전해지는 순간 주님의 음성이 들립니다.

> 밟아라. 밟아도 좋다. 네 발의 고통을 내가 안다. 나는 너희에 게 밟히기 위해 이 땅에 태어났고, 너희의 아픔을 나누기 위 해 십자가를 진 것이다. 괜찮다. 어서 밟아라.

그 배교의 순간에 로드리고 신부가 깨달은 하나님은 인간의 고통 앞에서 침묵하시는 하나님이 아니라 처절한 죽음의 현장에서 함께 고통하고 배교마저도 도우시며 함께 괴로워하시는 하나님이었습니다. 하나님의 침묵은 더 이상 하나님의 부재가 아니라 고문당하는 자들과 함께 고문당하시고, 순교당하는 자들과 함께 묵묵히 형틀에 달리시는 생생한 고난의 하나님, 순교의 하나님을 의미했습니다.

기독교가 극히 미미한 일본에서 어떻게 이토록 깊은 신앙적 성찰이 문학으로까지 승화될 수 있었는지 참으로 경이롭다는 생각이 들 지경입니다. 우리나라에도 널리 알려진 독일 신학자 위르겐 몰트만의 〈십자가에 달리신 하나님〉도 바로 이런 엔도의 〈침묵〉과 맞닿아 있습니다.

지금도 연일 지옥 같은 전쟁의 공포 속에서 절규하며 기도하고 있는 저 우크라이나 성도들도 침묵 속에서 자신들과 함께 포격 당하시고 친히 피난길에도 동행하시며 고난을 겪고 계신 주님을 생각하며 결코 절망하지 않았으면 좋겠습니다.

지난날들을 돌아보며

오늘이 마침 〈어버이날〉 〈어버이 주일〉이고, 또 〈부처님 오신 날〉에다 푸른교회에서 맞는 제 마지막 생일이기도 하여 잠시 지난 세월을 돌아보며 성도 여러분께 몇 가지 감사와 사죄와 당부의 말씀을 드리고자 합니다.

저는 지난 27년간 목회를 하며 교회에 참 많은 심려를 끼쳤습니다.

특히 제 처에 관해서는 입이 열 개라도 할 말이 없습니다.

모두 제 잘못입니다.

비록 신학은 하지만 학교에서 가르치는 일만 할 뿐 목사가 되거나 목회할 일은 없을 거라며 결혼을 했는데 저는 그 둘을 다 어겼습니다.

신학교에서 목사 될 사람들을 가르치려면 반드시 목사가 돼야 한다는 조건 때문에 교수 노릇을 하며 학점을 이수해 목사 안수를 받았고, 1995년 1월 저 포천 〈은성수도원〉에서 기도하다 〈내 잃은 양을 찾아다오!〉라는 주님의 음성을 듣고는 그 길로 다

던지고 집까지 팔아 교회 개척에 나섰으니 사실상 제가 계약 위반을 한 겁니다.

더구나 목회자 사모는 직업을 갖지 않고 교회 사역을 돕는 게 한국 교회의 전통적인 모습인데 제 처는 지금도 근무를 하고 있으니 저는 제 처에게도, 교회에도 말할 수 없는 누를 끼치며 여기까지 온 것입니다. 잘났건 못났건 어느 교회나 사모의 고유한 역할이라는 게 있는데 우리 푸른 교회는 그동안 그 모든 일을 집사님, 권사님들이 대신해 온 셈이어서 생각할수록 송구스런 마음 금할 길 없습니다.

늘 그게 마음에 걸리고 제 발이 저려 언젠가는 제가 이 칼럼란을 통해 〈목사 쫓아내는 법〉을 소개한 적도 있습니다. 〈교인들이 많이 모인 자리에서 담임목사에 관해 부정적인 얘기를 자주 해 성도들의 마음에 불만이 쌓이게 하면 마침내 그 불만이 싫증으로 변하고 그 싫증이 결국은 담임목사를 바꾸어 봤으면 하는 욕구로 발전하기 마련인데 그때 담임목사와 사모의 약점이나 실수를 적극 부각시켜 쫓아내면 된다〉고 친절을 베풀었음에도 저를 내보내지 않고 이렇게 은퇴에까지 이르게 한 걸 보면 여러분들도 참 대단하다는 생각이 듭니다(다른 교회 같았으면 어림도 없었습니다).

사도 바울이 갈라디아 교회 성도들을 향해 〈내 몸에 너희를 시험에 들게 할 만한 가시가 있으되 너희가 나를 업신여기거나 버리지 아니하고 도리어 천사와 같이 그리스도와 같이 영접해 주었다〉(갈4:14)며 감사하다고 했는데 제가 딱 그런 심정입니다.

저는 그동안 성도들이 실직을 하거나 일이 잘 풀리지 않아 힘들어 하면 그게 다 제 탓이고 제가 기도하지 않아 그런 것 같아 많이 괴로웠고, 자녀들이 시험에 떨어져 낙심하는 모습을 볼 때면 감히 고개를 들지 못할 만큼 죄송했습니다. 누가 아프면 제가 기도에 소홀했거나 제 영발이 약해 그런 것 같아 고통스러웠고, 목회자인 제 자신이 몸져누울 때는 부끄럽고 난감해서 몸 둘 바를 몰랐습니다.

그러나 뭐니뭐니해도 교인들이 푸른교회를 떠날 때가 가장 힘들고 괴로웠습니다.

그때의 절망감과 자괴감, 상실감은 정말 상상할 수 없을 만큼 크고 아팠습니다.

제 설교가 마음에 와 닿지 않고 목회자가 성도의 영적인 갈증을 풀어주지 못해서, 혹은 목회자의 사랑이 부족하다고 느껴서 떠난다고 할 때는 입맛을 잃기도 하고 괴로워 며칠씩 잠을 설치기도 했습니다.

또 제 설교가 잘 전달되지 않아 조는 사람, 예배 도중에 나가는 사람, 딴전 부리는 사람, 자꾸만 시계를 보는 사람들이 눈에 들어올 때면 등에서 식은 땀이 흐르고, 온 몸에서 기운이 다 빠져나가는 느낌에 사로잡혀 어디 달아나거나 숨고 싶은 심정에 사로잡히기도 했습니다.

그러나 이제 그런 세월이 다 지나고, 올 연말이면 우리는 헤어집니다.

공식적으로는 〈교회 폐지〉이지만 저로서는 우리 푸른교회 성도들을 다른 기성 교회로 파송한다고 생각합니다. 그래서 그냥

〈폐지〉가 아니라 〈발전적 폐지〉이고, 〈발전적 해체〉라고 믿고 싶습니다.

부디 어느 교회에 가서 정착하시든 그 교회에 선한 영향력을 행사하시고, 여러분 자신도 더욱 성장하시며 성숙하시길 빕니다.

사람은 참 묘해서 목회자가 싫거나 목회자가 내 눈에 비호감이면 우선은 말씀이 잘 들어오지 않습니다. 등록하기 전에 기도 많이 하셔서 꼭 호감이 가고, 진솔함이 느껴지는 목회자를 찾아 정착하십시오.

아직은 연말까지 시간이 좀 남았고 따라서 이른 감이 없지 않으나 이렇게 된 마당에 먼저 교회를 떠나실 수도 있고, 또 새롭게 등록할 교회를 찾아 사전에 여기저기 순례에 나서실 수도 있을 것 같아 아예 미리 이렇게 인사를 올립니다.

평생 잊지 않고 권 권사님과 함께 여러분들을 위해 기도할 것을 약속드립니다.

훗날 모두 천국에서 뵙겠습니다.

사랑합니다! 감사합니다! 용서를 빕니다!

봄과 사순절

지금 우리가 사용하는 〈사순절〉이란 말은 〈40일간의 기념일〉이란 뜻의 희랍어 〈테살코스테〉를 번역한 단어지만, 같은 〈사순절〉을 가리키는 영어의 〈렌트〉(Lent)나 독일어의 〈렌쯔〉(Lenz)는 다 고대 앵글로 색슨어 〈Lang〉(봄)에서 온 말입니다.

그런가 하면 우리말의 〈봄〉이란 원래 〈보다〉는 뜻의 동사에서 유래된 말입니다.

겨울 동안 눈 속에 파묻혀 눈에 잘 안 띄던 생명의 기운이 이제 차츰 보이기 시작하는 계절이 바로 〈봄〉이라는 것입니다.

그렇습니다. 우리에게 〈사순절〉이란 그야말로 마음의 눈, 영혼의 눈으로 절망 속에서 희망을 보고, 아픔 속에서 회복을 보고, 부정 속에서도 긍정을, 죽음 속에서도 생명을 보는 인고의 시간입니다.

그리고 우리는 또 누구나 자신의 나이만큼 봄을 경험합니다.

저만해도 벌써 수십 년을 맞은 봄이건만 봄은 여전히 반갑고 설렙니다.

요즘은 겨우내 우중충하고 회색빛이던 천지가 점차 옅은 연두 빛 파스텔 톤으로 바뀌면서 차갑던 바람도 조금씩 훈훈한 느낌으로 와 닿습니다. 또 땅을 헤집고 올라오는 여린 새싹들이 경이로운 생명의 신비를 느끼게도 합니다.

우리의 영혼도 그렇습니다. 새 봄을 맞으려면 먼저 얼어붙은 우리의 신앙부터 깨워야 합니다.

하나님의 말씀을 가까이 하며 자양분을 섭취 하고, 기도로써 충분한 영적 기운을 공급해야 합니다. 그래야 동면에 갇혀 지내던 우리의 영혼이 마치 마법의 주문에서 풀려나듯 봄이 오는 소리, 아침이 열리는 소리를 듣고 깨어나게 됩니다.

가는 겨울과 오는 봄 사이에 놓은 〈사순절〉, 그럼에도 여전히 꽁꽁 얼어붙은 겨울을 살며 늘 냉랭한 가슴으로 지내는 분들이 많습니다.

저는 〈봄이 와서 꽃이 피는 게 아니라 꽃이 피어 봄이 된다〉는 말을 좋아합니다. 봄이 왔기에 꽃이 피는 것은 자연의 이치입니다. 그러나 그런 봄은 진정한 의미에서 나의 봄이 될 수 없습니다. 나의 봄이란 내가 내 안에 꽃을 피우는 겁니다.

부디 빛이신 주님의 은혜로 여러분의 인생이 보다 맑고 아름다운 꽃으로 피어나길 빕니다.

절망을 넘어 희망의 꽃으로, 죽음을 넘어 생명의 꽃으로 피어나길 진심으로 바랍니다.

3년째 이어지고도 여전히 하루 30만 명 이상의 확진자가 쏟

아지고 있는 〈코로나19〉며 지금이 21세기 대명천지라고는 도저
히 믿어지지 않는 황당한 우크라이나 전쟁, 아직도 타고 있는 저
강원도 산불 등... 올 역시 우리가 지고가야 할 사순절의 십자가
가 몹시 아프고 버겁지만 그러나 너무 걱정 마십시오.

온 국민이 5:5로 황금 분할되어 막장 극을 벌였던 악몽 같은
대선전도 끝나지 않았습니까?

고난과 시련의 사순절이 지나면 대망의 부활절이 오듯 그렇
게 이 40일간의 고난 기간과 함께 지금의 이 모든 어려운 국면
도 다 지나갈 줄 믿습니다.

이해인 수녀 시인은 〈봄과 같은 사람〉이란 시에서 〈그는 아마
도 늘 희망하는 사람, 기뻐하는 사람, 따뜻한 사람, 친절한 사람,
온유한 사람, 생명을 소중히 여기는 사람, 고마워할 줄 아는 사
람, 창조적인 사람, 긍정적인 사람 일게다...〉라고 했습니다.

또 우리가 잘 아는 노산 이은상의 유명한 〈봄 처녀〉는 이렇습
니다.

봄 처녀 제 오시네 새 풀옷을 입으셨네
하얀 구름 너울 쓰고 진주 이슬 신으셨네
꽃다발 가슴에 안고 뉘를 찾아오시는고

올해도 꽃다발 한가득 가슴에 안고 나를 찾아오실 부활의 주
님을 뵙고 모두가 새롭게 소생하는 따뜻한 영혼의 새봄을 맞게
되시길 간절히 기원해 봅니다.

고요한 밤 거룩한 밤

올 성탄절로 203돌의 생일을 맞은 〈고요한 밤 거룩한 밤〉은 해마다 성탄 시즌이 되면 지구촌 어디서나 교회, 성당, 거리에서 가장 많이 불리는 캐럴인데 2011년에는 유네스코가 인류 무형문화유산으로 지정한 곡이기도 합니다.

그런데 전 세계 140여 개의 언어로 불리어지고 있는 이 불후의 캐럴이 북한과 사우디아라비아, 아프가니스탄에서만큼은 아직도 금지곡이라니...

이 캐럴이 탄생한 오스트리아의 〈오베른도르프〉(Oberndorf)는 모차르트가 태어난 유명한 음악의 도시 잘쯔부르크에서 약 20km 떨어진 곳에 위치한 작은 마을로 독일과 오스트리아 접경 지역에 있으며, 뮌헨으로부터는 150km, 자동차로는 약 1시간 40분 쯤 소요됐던 것으로 기억하고 있습니다.

마치 어두운 창밖에 함박눈이 내리듯 동시처럼 편안하고 따뜻하고 간결하며 너무도 서정적이고 목가적인 여섯 연의 아름다운 노랫말과 눈 덮인 알프스의 시냇물처럼 신선하고 맑은 멜로디의 이 캐럴을 오스트리아와 독일 사람들은 주로 성탄 이브와 성탄 당일 예배 때, 그리고 각 가정에서 크리스마스 선물을 개봉할 때 온 가족이 함께 부르며 즐거워합니다.

1818년 성탄절을 앞두고 당시 26세였던 〈요제프 모어〉(Joseph Mohr)는 〈오베른도르프〉의 〈성 니콜라우스〉 성당의 사제로서 성탄 이브에 있을 축하예배를 준비하고 있었는데 때마침 낡고 오래된 성당의 오르간이 고장 났다는 사실을 확인하게 됩니다. 몹시 난감해 하던 그는 곧 기타 반주가 가능한 캐럴을 만들어야겠다고 생각하고 즉시 노랫말을 쓰기 시작했고, 그리고는 그 성당의 오르가니스트이자 이웃 마을인 〈아른스도르프〉에서 교사로 재직 중이던 〈프란츠 그루버〉(Frantz Gruber)에게 그 완성된 가사를 건네며 작곡을 부탁합니다.

드디어 그해 12월 24일 밤, 온 마을 사람들이 다 모여 성탄 전야예배를 드리는 자리에서 그 두 사람이 만든 캐럴 〈고요한 밤 거룩한 밤〉(Stille Nacht Heilige Nacht)이 첫 선을 보였습니다.

고요한 밤 거룩한 밤 어둠에 묻힌 밤
주의 부모 앉아서 감사기도 드릴 때
아기 잘도 잔다 아기 잘도 잔다

〈모어〉 사제는 기타를 치며 테너를, 〈그루버〉 오르가니스트는 베이스를 맡았으며 성가대는 후렴을 부르며 조심스런 첫 발표

회를 가졌는데 장엄한 크리스마스 성가를 생각했던 마을 사람들
은 너무도 소박한 기타 반주에 청아하고 온화한 그 남성 2중창을
들으며 신선한 충격에 빠졌고, 모두가 마음을 정화하며 진심으로
기뻐하고 감사했습니다.

이렇게 200년 전 오스트리아의 한 작은 마을에서 시작된 노
래가 입에서 입으로 전해져 이제는 세계에서 가장 유명한 성탄
캐럴이 되었으며 이 곡이 탄생한 〈오베른도르프〉의 〈성 니콜라
우스〉 성당은 그 이후 〈고요한 밤 성당〉(Stille Nacht Kapelle)으로 개
명되어 오늘에 이르고 있습니다.

세계 제1차 대전이 한창이던 1914년 12월 서부 전선의 최대
격전지였던 벨기에의 〈이프르〉 전선에서 독일군과 영국군이 맞
붙어 연일 치열한 전투를 벌이고 있었습니다. 그런데 포성이 울
리고 총알이 빗발치는 그 전쟁터에도 성탄절이 찾아왔습니다. 펑
펑 흰 눈이 쏟아지는 성탄 전야, 먼저 몇 명의 독일 병사가 자신
들의 참호 주변에 크리스마스 트리를 세우고 나즉히 〈고요한 밤
거룩한 밤〉을 불렀습니다.

그러자 잠시 후 맞은 편 영국군 진지에서도 역시 그 캐럴이
울려 퍼졌습니다. 그리고는 곧 양측 병사들이 참호 밖으로 뛰쳐
나와 서로 악수를 나누며 술과 담배, 초콜릿을 선물하면서 크리
스마스 축제 기간만이라도 서로 공격 하지 말자는 정전을 약속하
는데 이게 바로 저 유명한 〈크리스마스 정전〉(Christmas Truce)이라
는 실화입니다. 믿기 어려운 전설 같은 얘기지만 지금까지 무려

30만 건 이상의 사진과 사료들을 전하고 있는 엄연한 역사적 사실입니다.

2021년 성탄절은 참혹합니다.

그 옛날 전쟁 중에도 아군과 적군이 함께 불렀던 〈고요한 밤 거룩한 밤〉인데 오늘 우리는 부를 수가 없습니다. 마스크로 입을 가렸고, 다시 4단계 거리두기 복귀로 예배마저도 위태로워졌기 때문입니다.

부디 분주하고 소란한 시간에서 벗어나 잠시나마 나만의 〈고요하고 거룩한〉 시간을 가지며 마음으로나마 뜨겁게 주님의 성탄을 노래합시다.

메리 크리스마스!

당신이 있어 좋은 교회

요즘 교회가 싫어서 쉬고 있는 사람, 코로나 때문에 출석을 꺼려왔지만 이제는 교회가 아득히 멀어져 이참에 아예 교회를 끊거나 옮겨볼까 하는 사람, 아직 떠나지는 않았어도 자신이 속한 교회에 대해 이런 저런 마음의 갈등을 털어놓는 사람들이 적지 않다고 합니다.

교회가 무슨 좋은 교회, 나쁜 교회가 있냐 하실지 모르지만 현실 속에서는 엄연히 존재하는 게 사실입니다. 요한계시록에 나오는 소아시아 일곱 교회 중에서도 주님의 칭찬만 들은 교회가 있는가 하면 또 사데 교회 같이 책망뿐인 교회도 있지 않습니까?

지금 우리나라에서는 매년 약 3천여 개의 교회가 폐지되고 있습니다. 이는 곧 하루 약 8개 처 이상의 교회가 문을 닫고 있다는 얘깁니다. 또 한 해 설립되는 3천~4천여 개의 교회 중 약 1%만 살아남는데, 그나마도 87% 이상이 영세한 미자립 교회며 폐지되는 교회 대부분도 설립 3년 이내에 문을 닫음으로써 개척 교회 생존 주기가 식당이나 카페의 생존 주기와 비슷하다고 하니 참 씁쓸한 노릇이 아닐 수 없습니다.

교회는 크다고 무조건 나쁘거나 작다고 무조건 좋은 것도 아니고, 크다고 무조건 성공한 교회고, 작다고 무조건 실패한 교회도 아닙니다. 또 교회를 옮기는 것도 그 자체가 잘못된 것은 아닙니다. 전에 부흥사들은 교회를 옮기면 벌을 받는다거나 저주를 받는다고 했습니다만 그것은 다 인간적인 협박에 지나지 않습니다. 그럼에도 툭하면 마치 보던 신문이나 마시던 우유를 끊듯 출석하던 교회를 던지고 이 교회 저 교회를 전전하는 행위는 반드시 고쳐야 합니다.

프랑스 파리의 세느 강변에는 칼빈파 개혁 교회로 유명한 〈생 제르망 데 프레〉 교회가 있고, 그 교회 남쪽 정원에는 〈위그노〉(Huguenot) 출신의 전설적인 도예가 〈베르나르 팔리시〉(Bernard palissy 1510-1590)의 동상이 서 있습니다. 위대한 신학자나 개혁가도 아닌 일개 도예가의 동상이 왜 그 교회 정원에 서 있을까요?

〈팔리시〉는 유리 세공을 하는 아버지 밑에서 성장하며 늘 명품 도자기를 만드는 도예가를 꿈꿨고, 마침내는 가장 정교할 뿐 아니라 무엇이든 자신이 원하는 형상이나 색감을 구현해내는 프랑스 최고의 도예 장인으로 우뚝 섭니다. 그런 그가 1546년 〈위그노〉로 회심합니다.

〈위그노〉란 가톨릭 국가인 프랑스의 칼빈파 개신교도들을 뜻하는데, 당시로서는 곧 그 사회에서의 정치적 탄압과 죽음을 의

미하는 것이나 다름없었습니다. 평소 〈팔리시〉의 재능과 명성을 아끼던 프랑스 왕 앙리 4세가 마지막으로 그에게 이런 제안을 합니다. 〈다시 가톨릭으로 돌아온다면 평생 궁중 도예가의 지위를 보장하겠네〉.

그러나 팔리시는 왕의 그 제안을 거절합니다. 〈저는 제 신앙과 제가 사랑하는 교회를 결코 떠나지 않겠습니다〉 결국 그는 끝까지 〈위그노 신앙〉을 지키다 악명 높은 〈바스티유 감옥〉에서 옥사합니다. 그러나 지금도 그는 교회를 떠나지 않고 한 손에 자신이 만든 접시를 들고 아래를 내려다보며 인생에서 무엇이 가장 중요한지를 우리에게 묻고 있습니다.

오늘은 우리 푸른교회 창립 26주년 기념주일입니다.

커서도 아니고 화려하고 번듯한 예배당이 있어서도 아닙니다.

다만 우리 푸른교회는 이 코로나 정국 한복판에서도 늘 당신이 있어 좋은 교회, 당신이 함께 하므로 행복하고 건강한 교회로 오래 기억되길 간절히 바랍니다.

사순절에 듣는 바흐의 수난곡

〈바흐〉(Bach)라는 이름은 독일어로 〈시냇물〉이라는 뜻입니다. 그러나 〈요한 세바스찬 바흐〉(Johann Sebastian Bach, 1685-1750)는 시냇물이 아니라 철학사의 아리스토텔레스, 미술사의 레오나르도 다빈치 마냥 인류 음악사를 가로 지르는 도도한 대하(大河)입니다. 그의 방대한 작품 세계가 말해주듯 음악적 다양성과 깊이, 완성도, 보편성에 있어 동서고금을 통틀어 바흐에 필적할 음악가는 없습니다.

바흐는 증조할아버지, 할아버지, 아버지가 다 음악가였고, 가까운 친척들 중에도 음악가가 많았습니다. 특히 아버지 암브로시우스는 26세에 이미 아이제나흐 시의 음악 감독이 될 만큼 비범한 음악가였습니다. 따라서 바흐의 집은 언제나 음악가들로 북적였습니다.

오늘(3월 21일)이 바로 바흐의 336회 생일입니다. 사순절 기간에 태어나서 그런지 바흐는 살아생전 여러 편의 수난곡을 만들었습니다. 총 다섯 편으로 알려져 있는데 현재는 〈요한수난곡〉과

〈마태수난곡〉 두 편만이 전해지고 있습니다.

1724년 4월 11일 고난주간 성금요일에 자신이 성가대 지휘자로 있던 독일 라이프찌히 성 토마스 교회에서 초연된 〈요한수난곡〉은 그가 가장 열정적으로 활동하던 시기에 작곡한 것이라 당대의 모든 악곡 형식을 망라해 완성한 최고의 수작으로 꼽힙니다. 〈요한수난곡〉은 요한복음 18장과 19장의 내용을 작곡한 것으로 〈주여, 우리의 통치자여!〉(Herr, unser Herrscher!)로 시작되는 제1부는 유다의 배신과 주님의 체포, 베드로의 부인 등으로 구성돼 있고, 〈심문과 채찍질 당하심〉(Verhör und Geisselung)이라는 제목의 제2부는 빌라도의 재판, 십자가에 못 박히심, 운명 그리고 장사되심까지 총 68곡으로 이뤄져 있습니다.

해마다 사순절이면 3백 년 전 바흐가 직접 지휘하고 이 곡을 발표했던 성 토마스 교회 소년합창단이 전 세계를 순회하며 이 〈요한수난곡〉을 연주하는데, 저는 2012년 3월 〈예술의 전당〉에서 그 생생한 감동을 경험했습니다.

〈마태수난곡〉은 마태복음 26장과 27장을 소재로 한 작품으로 〈요한수난곡〉보다 3년 늦은 1729년 역시 고난주간 성 금요일에 라이프찌히 성 토마스 교회에서 초연한 작품입니다. 그런데 그 이후 오래 잊혀졌다 무려 100년이 지난 1829년에 와서야 비로소 문호인 괴테의 발굴 노력과 멘델스존의 지휘로 다시 무대에 올려졌습니다. 초연 이후 단 한 번도 연주되지 않았던 그 해묵은 작품이 다시 빛을 보는 순간 청중들은 감동의 눈물을 흘렸고, 당대 최고의 철학자 헤겔은 〈바흐야 말로 위대하고 진실한 신자였고, 또 강인하고 박식한 천재 음악가였다〉고 평했습니다.

〈마태수난곡〉은 전체가 78곡으로 연주 시간도 〈요한수난곡〉 3시간보다 긴 3시간 반의 대작으로 수난에 대한 주님의 예고로부터 체포되시기까지가 제1부, 이후 십자가의 죽으심과 무덤에 장사되시기까지가 제2부로 구성되어 있습니다. 지금 우리가 부르는 찬송가 145장이 바로 〈마태수난곡〉에 무려 5번이나 반복되는 유명한 멜로디입니다. 확실히 바흐의 음악에는 하나님을 느끼게 하고 잠 자는 신앙을 일깨워주는 지고한 힘이 있습니다. 특히 이 〈마태수난곡〉은 〈신이 죽었다〉고 선언한 철학자 니체(F. Nietsche)조차 한 주에 세 번이나 반복해서 들었다고 고백했을 만큼 뛰어난 작품성을 자랑합니다.

바흐는 1723년부터 1750년 세상을 떠나기까지 라이프찌히 성 토마스 교회의 성가대 지휘자로 재직하며 창작에 전념했고, 또 토마스 교회 소년합창단을 이끌며 거의 매주 한 곡씩 예배용 칸타타를 작곡했습니다. 그는 평생 오직 교회음악, 예배음악에 헌신했으며, 무려 1000곡이 넘는 작품을 남김으로써 인류의 위대한 문화유산이 됐습니다. 그런데 바흐의 이런 대단한 음악적 성과 배후에는 실력파 성악가이자 비평가요 음악적 동료였던 아내 〈안나 막달레나 빌케〉가 있었다는 사실도 잊지 않았으면 좋겠습니다.

남은 사순절 기간 인터넷 음원 사이트에서라도 바흐의 수난곡을 들으시며 주님의 십자가를 더욱 깊이 묵상하시는 성도들 되시길 빕니다.

10월의 첫 주일 아침에

〈개천절〉입니다.

4354년 전 처음 이 한반도의 하늘이 열린 날이자 때마침 주일입니다.

우리 선조들은 한민족의 개국을 〈개천〉(開天), 즉 〈하늘이 열린 사건〉으로 받아들이며 고조선의 창건이 곧 〈하늘의 뜻〉임을 분명히 했습니다.

그 옛날 이 땅에 처음 하늘이 열리던 날도 오늘처럼 저렇듯 하늘이 쪽빛이었을까요?

우리는 흔히 봄에는 꽃이 피고 가을에는 꽃이 진다고 생각하지만 사실 가을에 피는 꽃이 훨씬 더 정겹습니다.

은은한 구절초에, 청초한 코스모스며 개망초, 강아지풀, 달맞이꽃 등은 봄꽃처럼 화려하거나 강렬하지는 않아도 그 수수함과 단아함이 좋아 저는 가을 야생화가 더 맘에 듭니다.

봄꽃에 비해 수는 적어도 소박하고 애잔해 더 마음이 편안합니다. 파란 하늘과 떠가는 뭉게구름이 그 배경이 되어 더욱 그런 것 같습니다.

10월은 가을이 점차 무르익어 가는 계절입니다.

맑고 상쾌한 바람과 나뭇잎들이 만들어내는 아름다운 가을빛은 마음 한구석에 고운 시인의 감성을 느끼게도 합니다.

그래서 10월에는 유독 좋은 노래들이 많은 것 같습니다.

바리톤 김동규의 매력적인 음색이 어우러져 가을에는 누구나 꼭 몇 번은 듣게 되는 〈10월의 어느 멋진 날에〉는 원래 〈시크릿 가든〉이라는 노르웨이 그룹이 〈봄을 위한 세레나데〉(Serenade to Spring)라는 제목으로 작곡한 연주곡인데 우리나라에서는 가사까지 붙여 아예 가을 노래로 바꾼 곡이라고 합니다.

노르웨이의 봄과 우리의 가을이 비슷한 느낌인지는 몰라도 아무튼 들을수록 담백하면서도 깨끗한 가을꽃의 정취가 느껴져 참 좋습니다.

저는 조수미와 김동규가 함께 부른 음원도 가끔 듣는데 역시 괜찮습니다.

눈을 뜨기 힘든 가을보다 높은 저 하늘이 기분 좋아
휴일 아침이면 나를 깨운 전화 오늘은 어디서 무얼 할까
창 밖에 앉은 바람 한 점에도 사랑은 가득한 걸
널 만난 세상 더는 소원 없어 바램은 죄가 될 테니까
…
살아가는 이유 꿈을 꾸는 이유 모두가 너라는 걸

네가 있는 세상 살아가는 동안 더 좋은 것은 없을 거야
10월의 어느 멋진 날에

대장동 의혹, 〈화천대유〉, 〈천화동인〉으로 온 나라가 들썩이며 시끄럽습니다.

가을은 정말이지 소유에 대한 탐욕보다 비움과 쉼, 관계를 위한 사색이 필요한 계절입니다.

휴식의 〈휴〉(休)는 사람이 나무와 함께 있는 풍경 아닙니까? 즉 자연을 가까이하는 게 곧 쉼이라는 뜻인데, 특히 10월은 늘 분주해서 잘 쉬지 못하는 사람들을 향해 아름다운 단풍으로 자연을 채색하며 더욱 쉬라고 합니다.

사실 우리는 누구도 캄캄한 굴속에 들어가 자신의 고통과 정면으로 마주하는 인고의 시간 없이는 결코 〈사람〉이 될 수 없습니다.

물론 호랑이처럼 그 순간을 견디지 못하고 굴 밖으로 뛰쳐나갈 수도 있지만 그런 사람은 더 이상 고통의 연금술을 배울 수 없습니다.

내 부모도, 내 자식도, 연인도, 친구도 대신해줄 수 없고 오직 자신만이 홀로 감내하며 동굴의 어둠을 온몸으로 견뎌야 하는 긴 인고의 시간, 부디 이 팬데믹의 어두운 시대를 위해 우리 머리 위의 하늘이 다시 한 번 활짝 열리기를 진심으로 기도합시다.

교회는 늘 말씀의 진액을 빨며 길고 모진 코로나의 터널 속에서도 결코 꺼지지 않는 성령의 불로 타올라야 합니다.

그게 곧 다시 하늘을 여는 길이고, 우리 교회 공동체가 무너지지 않고 여전히 꿋꿋이 버틸 수 있는 힘의 원천입니다.

원래 우리는 아무리 힘들고 어려워도 우주의 정기가 응집된 쑥과 마늘만 먹고도 백 일을 견딘 끈질긴 민족 아닙니까?

신자로 산다는 것

나는 왜 기독교 신자인가? 내가 신자가 된 것은 하나님의 섭리일까? 아니면 우연이 어쩌다 필연이 된 것일까?

전에 신학교에서 신입생들에게 기초신학을 가르치며 자주 던졌던 질문입니다.

여러분들은 왜 기독교 신자인가? 왜 신자로 남으려 하는가? 요즘 같은 종교 다원주의 시대에 왜 굳이 기독교 신앙이어야 하는가?

대부분의 학생들은 황당해하고, 신학교 선생이란 사람이 무슨 그런 질문을 하느냐는 식의 불편한 심기를 드러내며 노골적으로 항의하는 학생들까지도 있었습니다.

코로나 시대를 사는 신자들에게도 꼭 같은 물음을 던져보고 싶습니다.

그렇지 않습니까?

신자라고 특별히 코로나 바이러스가 피해가는 것도 아니고, 〈코로나19〉로부터 안전하다는 보장은커녕 도리어 교회에서, 선교단체에서 더 많은 감염자가 쏟아져 사회로부터 〈코로나19〉 온상이라는 비난까지 듣는 마당에 어째서 여전히 신자로 살아가느냐는 것입니다.

최근 우리 사회에 큰 충격을 던진 정인이 사건도 그렇습니다.

그 양부모가 대표적인 기독교 대학이라는 한동대 출신이고, 또 목회자의 아들 딸이라고 하잖습니까?

16개월의 짧은 생애, 얼마나 아팠을까요. 얼마나 고독하고 슬펐을까요.

결국 이번 정인이 사건은 회칠한 무덤처럼 위선과 외식, 독선과 탐욕에 쩔은 우리 한국 교회의 비극이자 신자들인 우리 모두의 죄악에 다름 아니었습니다.

저는 정인이 사건을 다룬 〈그것이 알고 싶다〉 1244회를 보고 나서 충격에 그 날은 아예 밤잠을 이루지 못했고, 계속 몸과 마음이 떨려 며칠을 끙끙대며 지냈습니다.

지금은 모두가 신앙에 대한 바른 이해가 없어 고난에 대한 해석이 잘 안 되고, 고난에 대한 해석이 안 되기에 누구나 신앙의 정체성에 큰 혼란을 겪는 시대인 것 같습니다.

참된 신앙은 나로 하여금 복의 기준을 바꾸게 하고, 또 세상을 보는 눈도 바꿔 새로운 우주관을 갖게 합니다. 신앙은 때로 내 자신을 벼랑 끝에다 세우기도 하고, 또 그 벼랑 끝에서 영원을 바라보며 담대하게 살게도 합니다. 그래서 신자는 영원히 살 것처럼 오늘을 살고, 오늘이 마치 종말이듯 최선을 다해 살기도 합니다.

그런 의미에서 신자는 오늘과 영원을 동시에 사는 사람들입니다.

이처럼 신자로 산다는 것은 하나의 큰 도전이자 은총이며, 결단이자 비장한 고백입니다.

세상 끝에서 하나님을 만나고, 넘실대는 홍해와 요단강 한복판에서 하나님의 기적을 체험하는 모험입니다.

지금 한국 교회에 가장 필요한 것은 이 혼란스런 코로나 와중에도 여전히 의연하게 살아가는 신자들의 모습입니다.

신자답게 사는 신자들이 결국은 교회다운 교회를 만들기 때문입니다. 그러므로 기독교 신자로 산다는 것은 과연 무엇을 의미하는가 하는 고민이야 말로 이 시대 믿는 자들의 가장 심각하고 진지한 실존적 과제입니다.

사도 바울은 이렇게 고백했습니다.

〈우리는 속이는 자 같으나 참되고 무명한 자 같으나 유명한 자고 죽은 자 같으나 보라 우리가 살아 있고 징계를 받는 자 같으나 죽임을 당하지 아니하고 근심하는 자 같으나 항상 기뻐하고 가난한 자 같으나 많은 사람을 부요하게 하고 아무것도 없는 자 같으나 모든 것을 가진 자로다〉(고후 6:8-10).

신자의 존재, 신자의 삶, 신자의 자의식을 이보다 더 명쾌하게 선언한 말씀도 없습니다.

〈코로나19〉로, 한파로 혹독한 겨울이지만 어느 새 봄이 오는 소리를 듣습니다.

부디 이 어려운 시절이 겨울과 함께 빨리 지나가기를 고대하며, 위의 바울의 진술이 이 시대 신자들의 진심어린 신앙고백이 되길 간절히 바래봅니다.

아, 님이여

민족 시인이자 승려 시인인 만해 한용운은 〈님〉에 대한 그리움을 이렇게 읊었습니다.

오세요. 당신은 오실 때가 됐어요. 어서 오세요.
당신이 오실 때는 나의 기다리는 때입니다.

그렇습니다. 기다림 없이 〈님〉이 오실 수는 없습니다.
나의 기다림과 님의 오심은 별개가 아니라 동시적 사건입니다.

그러므로 만나지 않은 것은 님이 아니요
이별이 없는 것도 님이 아닙니다.
님은 만날 때 웃음을 주고, 떠날 때 눈물을 줍니다.
만날 때 웃음보다 떠날 때 눈물이 좋고,
떠날 때 눈물보다 다시 만나는 웃음이 좋습니다.
아, 님이여 우리의 다시 만나는 웃음은 어느 때 있습니까?

마음에 사무치다 못해 처절하기까지 합니다.

이렇듯 우리 민족은 기다림의 민족입니다.

숱한 야화가 다 기다림으로 가득 차 있습니다.

〈망부석〉 같은 설화는 너무도 한국적입니다.

아기를 업은 어미 같이 생긴 바위를 보고 저게 바로 남편을 기다리다 지쳐 돌이 되어버린 어느 여인이라고 한 것은 기다림의 한을 품고 사는 우리 민족의 정서를 바위에 투영한 것에 다름 아닙니다.

그런데 기독교도 그렇습니다.

기다림의 종교입니다.

가까이는 매년 새롭게 성탄하시는 주님을 기다리고, 궁극적으로는 그분의 재림을 기다립니다. 그래서 초대교회는 이 기다림의 신앙을 굉장히 적극적으로 고백했습니다.

당시의 예배 형식을 보면 사회자가 큰 소리로 〈내가 속히 오리라!〉고 외치면 회중은 일제히 〈마라나타!〉하고 응답하며 예배를 마쳤는데, 〈마라나타〉란 〈주여, 오시옵소서!〉라는 뜻의 아람어입니다.

성경의 제일 마지막 책인 요한계시록도 〈마라나타〉(계 22:20)로 끝납니다.

그 시대 그리스도인들은 그만큼 절박했습니다.

위기에 몰렸고, 억울하게 죽어갔고, 악한 왕들의 능욕을 피해 살았던 참혹한 박해의 시기였습니다. 그래서 주님 오심이 더욱 절실했던 것입니다.

이렇듯 〈마라나타〉란 곧 예배의 결론이자 신구약 성경의 결론이고, 또 기독교의 결론입니다.

지금도 그렇습니다.

〈마라나타〉의 염원과 소망이 없는 사람은 좀 곤란합니다.

아니, 기다려지지도 않은 이가 어떻게 〈님〉일 수 있습니까?

올해도 기다림의 계절인 〈대강절〉(Advent)을 맞았습니다.

성탄절 전 4주간을 뜻하는 〈대강절〉은 〈오다〉는 의미의 라틴어 〈아드벤투스〉(Adventus)에서 유래한 교회의 오랜 전통입니다.

푸른 나뭇가지를 둥글게 엮어 만든 화환에 5개의 양초(Advent Candles)를 꽂고 매주 하나씩 불을 밝히며 주님 오심을 고대하고 준비하는 절기, 세밑은 늘 아쉽고 허전하지만 우리에게는 그래도 이 기다림의 절기가 있어 따뜻하고 행복합니다.

더구나 올해는 지구촌에 불어 닥친 환난의 바람으로 모두가 큰 충격과 안타까움에 고통하고 있습니다.

그럼에도 주님은 〈코로나19〉를 뚫고 반드시 새롭게 성탄하실 것입니다. 그래서 나를 울게 하신 그분이 다시금 나를 웃게 하실 것입니다.

마라나타!

〈신이라도 있었으면 좋겠다. 내 편의 신이!〉

구약성경에 나오는 하나님 상(像)은 슬퍼하고 사랑하고 진노하고 후회하는 참 변화무쌍한 신입니다.

사실 이런 신의 모습은 동양적인 신관에서 보면 대단히 비속한 것입니다.

하늘은 자고로 초연해야 합니다.

인간의 슬픔이나 기쁨, 패배나 승리 따위에 영향을 받는 존재라면 이미 신일 수 없습니다.

그래서 끝끝내 신비에 싸여 있는 것이 동양의 초월자입니다.

인간이 도통한다는 개념도 바로 신과 같은 그런 초탈의 경지에 이르는 것을 뜻합니다.

따라서 그런 관점에서 보자면 성경의 하나님은 여간 범속한 분이 아니십니다. 그럼에도 성경은 하나님의 그 범속성을 결코 부끄러워하지 않습니다. 그게 곧 인간과 더불어 산다는 증거기 때문입니다.

하나님은 마치 엄마의 마음과도 같습니다.

품어주고, 울면 달래고, 끝끝내 고집을 부리면 내버려두거나 때려주고 그러다가 다시 끌어안는 엄마!

그것은 어린 자식을 중심으로 사는 엄마이기에 그렇습니다.

엄마가 변덕스럽다면 어린 자식과 더불어 살기 때문에 오는 변덕입니다.

신약성경 요한복음은 그런 하나님이 아예 인간이 되셔서 우리 가운데 계신다고 합니다.

주님이 바로 순수 인간이 되신 초월자라는 것입니다.

한번은 그분이 사마리아 지방을 지나시다 목이 마르고 시장하사 야곱의 우물가에 걸터앉으셨습니다. 분명 초월자였으나 배고픈 줄도 알았고, 피곤하고 목마른 줄도 알았던 너무나도 인간적인 초월자였습니다.

그런 분이 마침 우물에 물 길러 나온 한 여인에게 〈물을 좀 달라〉며, 〈지금 물을 달라하는 사람이 누구인지 알았다면 네가 도리어 그에게 생수를 구했을 것이고 그가 네게 영원히 목마르지 않을 생수를 주었을 것이라〉(요 4:10)고 말씀하십니다.

그렇습니다.

내게 생수를 줄 수 있는 분은 다른 이가 아닌 바로 지금 내게 물을 구걸하고 있는 나그네입니다.

기독교 신앙의 본질은 이렇게 유한 속에서 무한을, 상대적인 것에서 절대를 만나는 파라독스에 있습니다.

그러므로 지금 내 앞에 내민 손을 외면하고 하나님을 찾는 건 도리어 그로부터의 도피일 뿐 결코 구도가 아니라는 것입니다.

신이라도 있었으면 좋겠다. 내 편의 신이!

이것은 스스로 무신론자, 허무주의자를 자처한 어느 시인의 독백입니다. 그는 허무주의를 표방함에도 자신의 소원에 대해 그렇게도 분명할 수가 없습니다.

내 편이 되어 달라는 것은 이미 자기의 욕구가 그만큼 확실하다는 뜻 아닙니까?

따라서 그는 허무주의자가 아니라 독거미와도 같은 에고이스트며, 지금 나와 마주 선 이웃을 회피하기 위해 일부러 소경이 된 자에 불과합니다.

먼 데서 찾지 마십시오. 지금 내게 〈물을 좀 달라!〉하는 나그네에게서 주님을 만나십시오!

주님은 언제나 낮은 자리로, 가장 초라한 모습으로, 구걸하는 나그네 행색으로 다가오사 내게 〈물을 좀 달라!〉 하십니다.

빈 방이 없다며 찾아오신 주님마저 외양간으로 내몬 베들레헴의 어느 여관 주인마냥 올해도 가장 가난한 모습으로 찾아오실 주님을 문전박대하여 내쫓는 성도가 없길 간절히 바랍니다.

고독한 영혼의 기도

　창세기 2장에 나오는 인간 창조기사를 보면 하나님이 먼저 아담을 만드시고 그가 홀로 사는 것이 좋지 않아 보여 다시 하와를 창조하사 쌍을 이루어 주셨다고 했습니다.

　이는 인간이란 원래 더불어 사는 존재라는 뜻이지만, 그러나 더불어 살기 이전에 홀로였다는 사실도 잊어서는 안 됩니다.

　창세기는 하나님이 아담의 갈비뼈를 뽑아 여자를 만드셨다고도 합니다.

　이 역시 부부란 한 몸이라는 뜻입니다. 그러나 실제로는 남녀가 서로 각각이라는 사실이 드러났습니다.

　아담과 하와가 함께 마귀의 유혹을 받은 게 아니라 하와가 홀로 받습니다. 그리고 유혹에 넘어가 이미 변질된 하와가 아담도 자기처럼 타락시키기 위해 금단의 열매를 건넵니다.

　이 역시 비록 둘이 한 몸은 아니지만 함께하지 않고는 못사는 게 남녀임을 확인시킨 것입니다. 따라서 창세기의 인간 창조기사는 남녀가 한 몸인 듯 보이지만 어쩔 수 없이 둘이고, 한 가정을 이루고 살지만 결국은 각기 홀로라는 사실을 증언합니다.

창세기는 또 그들이 범죄한 후 부끄러워 자기의 치부를 가렸다고도 하는데 그 것 역시 인간의 고독성을 말해 주는 대목입니다.

부끄러워서 가렸다는 것은 어쨌든 자기를 남에게 공개하기가 싫다는 것입니다.

따라서 인간은 자기만의 깊은 비밀을 간직한 채 타인의 개입을 불허하며 모든 책임 앞에 홀로 섭니다.

아닌 게 아니라 우리는 자주 홀로 자기를 대하고 싶어 합니다.

확실히 그것은 일상의 잡다한 언어나 복잡한 인간관계에 얽히는 것보다 훨씬 덜 외롭습니다.

요즘은 교회 안에도 〈나 홀로 신자〉인 〈솔리스천〉이 많습니다.

그들은 주일예배 외에는 교회의 그 어떤 활동에도 참여하지 않는데 괜히 이런저런 교회 일에 얽이기가 싫다는 것입니다.

그런가 하면 아예 교회 출석조차도 포기한 소위 〈가나안 신자〉도 늘고 있습니다.

개인주의, 이기주의 문화의 확산과 프라이버시를 침해할 정도로 과도한 새신자 등록과정, 담임목사 세습 문제, 비민주적이고 불투명한 재정운용 등에 실망해서라는데 그 모든 문제들을 다 인정한다 해도 그것은 결코 바람직한 현상이 아닙니다.

복음서를 보면 주님도 때로 몹시 고독하셨습니다.

예를 들어 하루 종일 사람들에게 에워싸여 분주한 시간을 보내신 다음 제자들을 배에 태워 먼저 떠나게 하신 후 자신은 홀로 산으로 가시는 등의 쓸쓸한 단상이 꽤 여러 군데 나옵니다(마 14:23, 막 1:35, 요 7:53).

그러나 주님이 홀로 그렇게 밤 또는 새벽에 산이나 광야로 나가신 것은 고독을 즐기기 위해서가 아니라 기도하시기 위해서였습니다.

주님은 골방에 들어가 기도하라고도 하셨습니다(마 4:6).

이는 기도란 모든 관계를 떠나 홀로 있을 때, 바로 그 고독 속에서 이루어지는 사건이라는 뜻입니다.

그렇습니다.

주님은 그 기도의 골방에서 비로소 하나님의 음성을 들으셨고, 동시에 저 험한 바다 한가운데서 외로이 풍랑과 싸우고 있는 제자들의 비명도 들으셨습니다.

이를테면 기도 속에서 정직한 자신의 모습과 하나님과 이웃을 함께 만나신 겁니다.

기도하시던 주님이 드디어 그 어두움과 파도를 헤치고 바다 위를 걸어 제자들에게로 오셨을 때, 제자들은 의연히 풍랑을 딛고 서신 주님을 전혀 새로운 감격으로 만납니다.

참으로 당신은 하나님의 아들이십니다!(마 14:33).

지금도 우리 주변에는 풍랑 만난 이웃들의 무수한 비명이 있습니다.

그럼에도 그들의 신음소리가 내 귀에 잘 들리지 않는 것은 내가 너무 지친 탓입니다.

4주간의 특새를 마쳤습니다.

〈특새〉는 기도의 골방이자 주님이 자주 찾으셨던 새벽 광야요 고독한 밤 동산이었습니다.

이제 보다 투명해진 영성으로 주님의 음성을 들으시고, 저 어두운 밤바다에서 들려오는 이웃들의 비명도 함께 들어보십시오.

그리고 그들을 위해 진심으로 기도해 보십시오.

반드시 〈안심하라. 내니 두려워 말라!〉는 주님의 뜨거운 격려를 듣게 되실 겁니다.

맥추절 단상

보릿고개는 참 무섭고 처절했습니다.

양식은 일찌감치 동이 나고 햇보리는 아직 여물지 않은 5, 6월 춘궁기, 사람들은 하도 굶어 다 누렇게 부황이 나고 심지어는 굶주림을 견디지 못해 흙을 파먹는 사람들도 있었습니다.

그런데 이게 아득한 옛날 얘기가 아니고 불과 4,50년 전의 우리네 봄날 풍경이었습니다.

어느새 올해도 벌써 절반을 보냈습니다.

어떻습니까? 지난 반년을 중간 결산하는 당신의 마음속에 진심 어린 감사가 있습니까?

만약 지금 당신의 가슴속 깊은 곳에 아무런 감사의 염도 없다면, 그럼에도 당신이 놀라지 않고 여전히 무덤덤하다면 지금 당신의 마음은 단단히 병든 겁니다.

감사가 없는 사람은 늘 가슴이 냉랭해 그 어떤 사랑의 씨앗도 싹을 틔울 수 없습니다.

살다 보면 모든 게 다 짜증스럽고 싫증날 때가 있습니다. 혼자 있고 싶거나 혹은 세상엔 오직 나뿐이며 모두가 타인이라고 느낄 때도 있습니다. 또 내가 처한 지금의 상황이 죽도록 싫어질 때도 있고, 내가 가는 길이 막막해서 생각할수록 절망스러울 때도 있습니다. 그럴 때 무조건 눈 딱 감고 한 번 감사해 보십시오!

태어난 것도, 살아 있음도, 오늘 한 끼 밥을 먹을 수 있고 거기다 커피 한 잔, 차 한 잔까지도 마실 수 있음을 감사해 보십시오. 아주 작은 것, 사소한 것에 대해서도 감사해 보십시오. 어느 권사, 집사에게 전화해서 잠시나마 수다 떨 수 있는 여유에 대해서도 감사해 보십시오.

그러면 분명 살아가는 느낌이 다르고 일 하나, 사건 하나를 바라보는 시각이며 그것들을 받아들이는 내 관점이 많이 달라져 있음을 확인하게 되실 겁니다.

첫 사랑에 실패한 사람들이 많습니다.

이 여자가 아니면 죽고 못 살 것 같고, 이 남자가 아니면 이 세상에서 의미 있는 것은 단 하나도 없을 것 같았어도 많은 세월이 지나고 나서 생각해 보면 그 때 그 첫 사랑에 실패한 것도 다 주님의 사랑이요 은혜였음을 깨닫게 되지 않습니까? 아니라구요? (당신은 오늘 아내 혹은 남편에게 죽었다!)

제 얘기는 우리가 아주 사소하고 보잘 것 없는 것조차도 무심히 지나치지 않고 크게 감사하면 하나님이 송구스러워 결국은 더 많은 은혜로 갚아 주신다는 겁니다. 하나님이 민망해 하시며 〈알았다! 알았다! 내가 네게 너무 적은 걸 줘서 미안하구나!〉 하시며 엄청 큰 것을 허락하신다는 겁니다. 따라서 주님이 정말 무안해 하시고 죄송해 하실 만큼 사소한 것에 대해서도 조금은 과장되게 감사해 보시라는 겁니다.

우리 한국교회 성도들은 특히 맥추절에 대한 감사가 남달랐습니다.

절박한 생사의 기로에서 햇보리를 수확해 목숨을 부지했으니 그 감사가 얼마나 컸겠습니까? 신구약 성경에 나오는 보리떡 얘기도 항상 우리에게 감동을 줍니다.

> 처음 수확하여 만든 떡 곧 보리떡 이십 개와 또 자루에 담은 채소를 하나님의 사람에게 드린지라 그가 이르되 이것을 무리에게 갖다 주어 먹게 하라(왕하 4:42).

흉년으로 극심한 기근에 빠진 백성들에게 선지자 엘리사가 자기 몫의 보리떡을 나눠준 것입니다. 주님도 굶주린 5천 명 이상의 군중들을 보리떡 다섯 개와 물고기 두 마리로 배불리 먹이셨습니다.

그렇습니다.
맥추절은 감사와 나눔의 절기입니다.

우리에게는 이미 전설이 되어버린 보릿고개지만 저 북녘 동포들에게는 아직도 그게 죽음의 고개입니다.

우리는 영양이 넘쳐 누구나 다이어트가 최대 관심사지만 북녘 동포들은 지금도 식량 부족에 울고 있습니다.

보리떡은 혼자 먹으면 다섯 개지만 서로 나누면 5천 개, 5만 개로 증식됩니다.

춥고 배고프던 시절 저 산 너머 남촌에서 불어오던 훈훈한 봄바람은 삶의 환희였고, 더구나 이맘 때 쯤 진동하던 보리 익는 내음은 그야말로 삶의 무한한 희망이었습니다.

맥추감사절을 맞으신 여러분 가정과 우리 사회, 그리고 저 북녘 동포들에게 생명과 희망의 새 기운이 충만하시길 빕니다.

말씀

뿌리는 자와 거두는 자

어느 청년의 고뇌

어느 날 한 청년이 주님 앞에 나와 무릎을 꿇고 〈선생님, 제가 어떻게 해야 영생을 얻을 수 있겠습니까? 저는 어려서부터 하나님의 계명을 다 지켰나이다〉(막 10:17-19)라고 했습니다. 실로 그는 모범 청년이자 어디에 내놔도 손색없는 훌륭한 신자임이 분명해 보입니다.

성경은 주님도 그를 〈사랑스럽게 여기셨다〉(막 10:21)고 했습니다.

따라서 누가 봐도 그 청년이야말로 영생의 관문을 훌륭하게 통과할 수 있는 자질과 신앙을 갖춘 사람처럼 여겨졌을 것입니다.

그럼에도 주님의 말씀이 뜻밖입니다.

네가 아직 한 가지 부족한 것이 있다 가서 네 가진 모든 것을 팔아 가난한 자들을 도우라 그리고 와서 나를 좇으라(막 10:21).

당사자인 청년은 물론 그 광경을 지켜보던 모든 사람들이 경악을 금치 못했을 것입니다.

그런 조건이라면 도대체 누가 영생을 얻을 수 있을 것이며, 이 세상에서 영생 얻을 자가 과연 몇이나 되겠느냐는 것입니다.

결국 청년은 주님의 그 청천벽력과도 같은 말씀에 낙심하여 〈슬픈 기색을 띠고 근심하며 갔다〉(막 10:22)고 했는데, 오늘 우리로서도 마음이 편할 리 없습니다.

주님의 그 요구가 우리조차 받아들이기 쉽지 않을뿐더러 말씀의 현실성 문제도 짚어봐야 하겠기 때문입니다.

인간으로서는 도저히 따를 수 없는 기준을 만들어 놓고 거기에 못 미친다고 영생에서 제한한다면 그 책임은 도리어 하나님 편에 있을지도 모를 일 아닙니까.

그러나 만약 그런 뜻이 아니라면 주님이 여기서 〈오히려 한 가지 부족한 것〉이라고 지적하신 것은 대체 무엇을 의미하는 말씀이었을까요?

그렇습니다.

그것은 누구나 함께 살고 더불어 살아야 비로소 인간답다는 것이고, 거기에 진정한 믿음이 있고 또 영생이 있다는 단호한 가르침이셨습니다.

주변에 가난한 사람들이 널렸는데도 정당하게 벌었다는 것으로 나만 즐기고, 하나님의 율법을 다 지켰다는 것으로 영생은 따 놓은 당상이라 여긴다면 그런 태도야말로 근본적으로 복음 정신에 위배되는 것이고, 따라서 그것은 결코 믿음으로 사는 자의 참 모습이 아니라는 지적이셨습니다.

그렇다면 그게 과연 가능할까요?

자기 가진 것을 남과 나누며 이웃과 더불어 사는 삶이 실현될 수 있을까요?

특히 청년들의 경우 자신의 젊음, 패기, 용기, 능력, 시간, 열정 등을 가난한 형제들, 이웃들과 나누며 사는 것이 현실적으로 용인 될까요?

따라서 근심하며 돌아갔다는 그 청년의 고뇌는 그게 그대로 오늘 우리들의 고뇌를 대변한다고도 볼 수 있을 것입니다.

주님도 그 점은 인정하신 것처럼 보입니다.

그래서 〈사람은 할 수 없으나 하나님은 다 하실 수 있느니라〉 (막 10:27)고 하시며 근심하는 자들을 격려하셨습니다.

그럼에도 부자 청년은 결국 그 선택의 기로에서 〈영생〉보다는 〈재물〉을 꽉 움켜쥐고 말았습니다.

처음에는 스스로 〈영생을 얻고자 한다〉며 운을 뗐으나 막상 결단 앞에 서자 영생보다는 재물에 미련이 더 커 〈근심하며〉 돌아가고 만 것입니다.

하나님의 나라는 전쟁도 가난도 병마도 고통이나 신음도 눈물도 없는 영원한 평화의 표상입니다.

부디 재물이나 소유보다는 사랑과 나눔과 희생과 함께하는 삶을 통해 늘 영생을 추구하며 사는 청년과 성도들 되시길 빕니다.

부활절 아침에

오래전 독일 뮌헨에서 알프스 기슭 퓌센에 있는 백조의 성 〈노이슈반슈타인〉을 가다 본 풍경입니다.

어느 작은 마을 어귀에 서 있는 십자가상 아래서 한 쌍의 젊은 남녀가 열정적인 키스신을 벌이고 있었습니다.

만약 그때 그 십자가가 실제였다면 아마도 그들 머리 위에 주님의 붉은 피가 뚝뚝 떨어졌을 겁니다. 함께 자동차를 타고 가던 독일인 친구는 아무런 감동도 없는 눈치였지만 제게는 참 충격적이었습니다.

그래서 〈저건 대체 뭐냐? 십자가를 비웃는 거냐? 아니면 '당신이 거기 달린 덕분에 우리가 이렇게 즐길 수 있어 감사하다'는 뜻이냐?〉 하고 물었더니 어깨를 한 번 들썩이며 입만 삐죽거릴 뿐 대답이 없었습니다.

광나루 신학교에 있을 때 한국 교회 100주년 기념행사에 초대된 독일인 목사님 몇 분의 안내를 맡은 적이 있습니다.

하루는 그분들이 굳이 사찰을 보고 싶다고 해 경주 불국사를 갔습니다. 그들은 잔뜩 호기심 어린 눈빛으로 승려들의 동작과 복장, 사찰 안에 있는 그림, 글씨 등 눈에 띄는 것마다 저건 무엇이며 무슨 뜻이냐고 꼬치꼬치 물어 정말 진땀을 뺐습니다.

그 중에서도 가장 난감했던 것은 대웅전에 좌정한 불상을 가리키며 〈저 부처님이 여자냐 남자냐〉하고 물었을 때였습니다.

제가 어이가 없어서 〈당신들 눈에는 어떻게 보이느냐〉고 반문했더니 〈여자 같기도 하고 남자 같기도 해서 잘 모르겠다〉는 것이었습니다. 그래서 제가 〈맞다, 원래 여자인 듯 하면서도 남자고, 남자인 듯 하면서도 여자 같은 분이 바로 부처〉라고 하자 묘한 표정을 지으며 이번에는 다시 부처님의 손 모양이 무슨 뜻이냐고 물었습니다.

저는 심한 부끄러움을 느끼며 왜 이런 걸 사전에 좀 알아두지 않았을까 하는 후회와 함께 또 엉뚱한 대답을 했습니다.

〈어느 날 부처님과 예수님이 도박을 했는데 예수님이 져서 부처님이 돈을 달라며 한 손으로는 동그라미를 그리고 다른 한 손은 펴고 있는 것이고, 예수님은 돈이 없다는 시늉으로 두 팔을 벌리고 있는 거라〉며 신성모독을 했는데 모두가 제 농담에 크게 웃으며 그럴듯한 해석이라고 맞장구를 쳤던 기억이 납니다.

십자가와 불상은 참 대조적입니다.

십자가는 종과 횡이 교차된 한복판에 주님이 달려 꼼짝도 못한 채 피를 흘리고 있습니다.

인간이 당할 수 있는 최악의 고통이요 모순의 극치입니다.

이에 반해 불상은 그 어떤 모순이나 아픔도 다 초월한 너무나도 평온한 대자대비한 모습입니다. 그래서 불상을 한참 보고 있노라면 정말 인생의 백팔번뇌가 다 눈 녹듯 사라지는 것 같습니다. 그러나 거기서 눈을 돌리는 순간 〈아차, 속았구나!〉 하는 느낌을 부인할 수 없습니다. 현실은 결코 그런 초연함을 허락하지 않기 때문입니다.

그래서 불상은 세상을 피해 산으로 들어가고 기독교는 치열한 세상 한복판으로 나섰는지도 모릅니다.

또 불상 밑에서 자란 동양은 정적이고 십자가 아래서 자란 서양은 동적이며, 동양은 조화와 타협을 좋아하고 서양은 분석과 대결을 즐기는지도 모르겠습니다.

그런데 그 참혹한 십자가에 달리셨던 주님이 마치 무덤의 돌문을 열 듯 캄캄한 코로나 팬데믹 상황을 헤치시고 오늘 새벽 새롭게 부활하셨습니다.

부디 빈 무덤 앞에서 울고 있던 여인을 향해 〈마리아야!〉 하고 부르셨듯, 다락방에 숨어 떨고 있는 제자들을 향해 〈평화가 있으라!〉 하셨듯 오늘 우리를 향해서도 그렇게 평안을 빌어주시길,

모진 상처로 덧난 마음들이 〈아아, 이제는 살아야겠구나!〉 하고 희망을 노래하는 부활의 새아침이 되게 해주시길 진심으로 빌어 봅니다.

본디오 빌라도에게 고난을 받으사...

사도신경은 주님이 〈본디오 빌라도에게 고난을 받아 십자가에 못 박히셨다〉고 합니다. 지난 2천년 동안 빌라도가 바로 주님 십자가 사건의 주범으로 고백되어 온 것입니다.

본디오 빌라도는 주후 26년 제5대 총독으로 유다에 부임해 10년간 재임했던 로마제국의 관리였습니다.

헤롯 아그립바가 로마 황제에게 보낸 편지를 보면 〈그는 절대 굽힐 줄 모르는 사람으로 앞뒤를 가리지 않으며 폭정으로 사람들을 억압하고 재판도 없이 죄수들을 처형하는 등 끝없이 잔인하다〉고 했습니다.

물론 이것은 고발장이기 때문에 순수 객관적인 평가라고는 볼 수 없을 것입니다. 그럼에도 누가복음 13장에 나오는 엽기적 사건, 즉 빌라도가 무력 봉기를 일삼는 갈릴리 사람 몇을 처단하여 그들의 피를 예루살렘 성전의 제물에 섞었다는 기록을 보면 전혀 근거 없는 모함만은 아닌 것 같습니다.

그 외에도 유대인들의 종교적 감정을 고려해 예루살렘 성내에는 군대 주둔을 피했던 전임 총독들과는 달리 빌라도는 처음 부임 때부터 군대를 아예 성내에 진주시키려다 유대인들이 반대 시위를 벌이자 발포 명령까지 내려가며 진압했으나 실패해 결국은 성 밖으로 철수했다는 기록이 있는가 하면 예루살렘의 상수도 건설을 위해 성전 예산을 유용하도록 강요하다 유대인들이 몰려가 항의하자 군대까지 동원해 해산시키는 과정에서 많은 사상자를 냈다는 기록도 전해지고 있습니다.

그의 주님 재판 과정입니다.

유대인들이 주님을 끌고 와 고소하자 빌라도는 일단 주님의 행위를 법에 비춰보지만 이렇다 할 혐의점이 없자 곧 기각합니다.

유대인들이 반발하며 거센 공세를 취하고, 그 기세가 자칫 폭동으로 번질 조짐까지 보이자 빌라도가 한 발 물러나 다시 주님을 심문하기 시작합니다.

뭔가 작은 꼬투리라도 잡자는 심사입니다.

그러나 이번에도 실패합니다.

그래서 또 한 번 〈나는 그에게서 아무런 죄도 찾지 못하였노라〉며 무죄 선언을 합니다.

유대인들의 저항은 더욱 격렬해지고 빌라도는 비장의 협상카드를 꺼내드는데 그것은 유대인들의 고소대로 주님을 일단 죄인으로 간주하고 유월절 특사로 방면하겠다는 일종의 정치적 타협안이었습니다.

그러나 유대인들은 그마저도 거부하며 〈차라리 살인강도인 바라바를 석방하고 예수는 십자가에 못 박으라〉고 소리쳤습니다.

그 와중에도 빌라도는 또 한 번의 융화책을 시도합니다.

주님께 왕복을 입히고 가시로 만든 왕관을 씌운 후 군중들 앞에 끌고 나와 희롱과 모욕의 대상을 만듦으로써 상황을 반전시켜 보려 한 것입니다.

그러나 그는 곧 유대인들의 최후 그물에 걸립니다.

> 이 사람을 석방하면 황제의 충신이 아니다. 자기를 왕이라 한 자를 놓으면 황제에게 반역하는 것이다(요 19:12).

빌라도는 이제 자신이 황제의 충신임을 증명해야 했습니다.

그래서 결국 주님을 십자가형에 내주는데, 실은 그렇게 함으로써 그는 자신의 정치 생명을 위해 유대 군중들의 꼭두각시로 전락하고 만 것입니다.

반면 빌라도의 아내는 익명의 그리스도인이었습니다.

성경에도 그녀가 남편에게 〈내가 오늘 꿈에 그 사람으로 인해 애를 많이 태웠나이다〉(마 27:19)하며 주님을 정죄하지 말 것을 당부하는 말씀이 나오는데, 실제 그리스 정교회에서는 빌라도의 아내 〈프로클라〉를 성인의 반열에 세우고 있습니다.

그렇습니다.

빌라도는 주님을 심판하며 오히려 자신의 비겁한 양심을 심판했고, 주님은 빌라도의 심판을 받으시며 도리어 정치권력의 허구를 심판하셨습니다.

가난한 마음

속절없는 세월이 연말을 손짓하고, 여전히 기세등등한 팬데믹 상황은 오미크론 변이로 더욱 불안하기만 한데 어느덧 12월을 맞았습니다.

한 해를 보내는 세밑 풍경이 을씨년스럽다 못해 어둠으로 가득하지만 애써 여유를 가집시다.

신구약 성경을 통틀어 자기 이해에 가장 투철하고 치열했던 사람은 역시 사도 바울이었습니다.

바울은 우선 두 가지 관점에서 자신을 봅니다.

하나는 과거 속의 자기요 또 다른 하나는 미래 속의 자신의 모습입니다.

과거로 말하면 그는 참 내세울 게 많았습니다.

그럼에도 그는 자신의 그 화려한 모든 이력과 스펙을 다 똥오줌처럼 내버린다고 했습니다(빌 3:8).

노자는 〈공을 이루었으면 그 자리에 머물지 않는다〉(功成以不居)고 했고, 그 말의 참뜻은 자기가 세운 공에 머물지 않을 때만 실은 거기에 오래 머물 수 있다는 역설의 지혜를 의미한 것인데 반해 바울은 과거 혹은 뒤엣것으로부터의 철저한 탈출을 말합니다.

따라서 그것은 노자처럼 과거로 돌아가기 위해서가 아니라 미래를 향해 달리기 위해섭니다. 오직 〈앞엣것을 잡기 위해 뒤엣것을 버린다〉(빌 3:13)는 것입니다.

사실 바울은 많이 가진 것을 자랑함으로 삶의 보람을 느꼈을 뿐 아니라 그 모든 것들이 자기 삶의 든든한 보장이라고 믿었던 사람이었습니다.

그런데 어느 한 순간 그 모든 것, 즉 뼈대 있는 가문, 바리새파라는 귀족, 석학 가말리엘의 문하생이라는 학벌 등이 실은 참된 자기와는 전혀 별개라는 사실을 깨달으면서 그런 것들과의 결별을 선언하기에 이른 것입니다.

존재란 소유 이전의 문제입니다.

그럼에도 그는 가진 것이 자기 삶의 보장이라고 착각하며 거기에 안주하는 동안 한 번도 자기의 존재를 묻지 않음으로써 자신을 상실해온 것입니다.

사람은 본디 부단히 자기의 존재를 물음으로써 실존합니다.

물론 자명하다고 생각해온 것들을 새삼 그렇게 물을 때 오히려 혼란에 빠지고 더 비참해질 수도 있습니다.

왜 살아야 하는가?

어디로 가는가?

결국 죽음에로의 존재가 아닌가? 하고 묻는 데서 불안이 오고, 고뇌가 따르고, 또 절망에 사로잡힐 수도 있습니다.

그러나 중요한 것은 그렇게 물을 때만 고민 없이 살아가는 한 마리의 짐승과는 구별되는 인간으로 존재하게 되며 자연의 법칙 아래서 살고, 전체 속에서 살면서도 그것에 예속되거나 매몰되지 않고 책임적인 〈나〉로, 주체적인 〈실존〉으로 살아가게 된다는 것입니다.

그렇다면 바울은 어떻습니까?

과거를 그렇게 내버린 대신 참된 자기를 찾았습니까?

아닙니다.

그는 분명 〈내가 이미 얻었다 함도 아니요 온전히 이루었다 함도 아니라〉며 〈단지 그것을 잡으려고 달려가노라〉(빌 3:12)고 했습니다.

그렇게 보면 바울이 이해한 성서적 실존이란 뒤엣것을 잊어버리고 오직 앞엣것을 잡기 위해 달려가는 〈도상의 존재〉일 뿐 아직은 아무것도 가진 것이 없는 존재입니다.

그렇습니다.

성서적 실존은 아무런 보장이 없습니다.

그래서 늘 가난하고 불안합니다.

그러나 〈가진 것으로 사느냐? 나로서 사느냐?〉의 갈림길에서 언제나 〈나로 살겠다〉고 결단함으로써 잃었던 자기를 되찾은 자들입니다.

기억하십시오.
앞엣것을 붙잡기 위해 달려간다는 것은 곧 익숙한 것들을 떠나겠다는 다짐이요 실패를 두려워하지 않겠다는 약속이며 끝까지 포기하지 않겠다는 결단입니다.

부디 하나님에 대한 불편한 마음, 억울한 마음, 피해의식과 공치사 같은 누추한 심기들을 다 내려놓고 오직 가난한 마음, 앞엣것을 붙잡겠다는 절실한 마음 하나로 주님의 성탄을 준비합시다.

마음이 가난한 자는 복이 있나니 천국이 그들의 것이니라(마 5:3)

인내에 관하여

종이 책만 읽다 처음에는 많이 낯설기도 하고 쉽게 적응이 안 돼 불편하기도 했지만 요즘은 e북 보는 재미가 꽤나 쏠쏠합니다.

컴퓨터 자판보다는 아직도 연필로 쓰고 있는 저랑은 절대 어울릴 것 같지 않은 문명인데 이젠 갈수록 편리하고, 무엇보다 사지 않고 저렴하게 대여할 수도 있다는 게 제게는 가장 큰 매력인 것 같습니다.

며칠 전엔 프랑스 출신의 작가이자 여행가인 〈실뱅 테송〉의 〈눈표범〉(북레시피)을 봤습니다.

작가가 다큐멘터리 감독인 마리, 동물 사진작가인 뮈니에, 철학자인 레오와 함께 해발 5천 미터의 티벳 고원지대에서 영하 30도 이하의 강추위를 견디며 눈표범을 찾아나서는 얘긴데, 책의 내용은 단순한 문장으로도 요약될 수 있지만 책에 담긴 울림과 메시지는 결코 단순하지가 않습니다.

큰 줄거리는 〈눈표범〉을 찾아가는 여정이지만 그 과정에서 미술과 음악과 노자의 도덕경이 인용되기도 하고, 곳곳에서 자연과 인간에 대한 심오한 성찰과 철학이 묻어나기도 합니다.

세계적으로 멸종 위기종인 〈눈표범〉을 쫓는 외롭고도 험난한 여정은 그야말로 인내의 연속입니다.

단 한 컷의 사진을 위해 몇 날 며칠을 숨소리조차 죽여 가며 기다려야 하는데, 자연과 하나가 되는 경지에 이르러야 비로소 그 희귀동물이 경계를 풀고 모습을 드러내기 때문입니다.

작가는 〈인내야말로 가장 겸손한 믿음이다〉, 〈경건한 기도다〉라고 표현합니다.

〈눈표범〉을 만나기 위한 그 고된 여정이 단순한 모험이 아니라 고도의 인내를 요하는 일종의 〈구도〉며 〈순례자의 여정〉 같은 것이라고 합니다.

〈눈표범〉이라는 〈목적지〉에도 불구하고 목적 그 자체보다는 그 목표를 향해 가는 인내의 발걸음 하나하나가 곧 깨달음으로 가는 과정처럼 여겨진다는 것입니다.

작가는 책에서 이렇게 말합니다.

이번 여행에서 나는 인내심이야말로 가장 우아하면서도
가장 망각하기 쉬운 최고의 덕목이라는 사실을 배웠다.
인내심은 세상을 변화시켜야 한다고 주장하기 전에 먼저
가냘픈 이파리의 미세한 떨림 앞에서도 가만히 앉아
그 미덕을 오래 즐길 수 있게 해준다.

인내심은 주어진 상황에 대한 존중의 표현이다.
그림 한 폭을 그리는 것, 소나타 한 곡을 창작하는 것,
혹은 시 한 편을 쓴다는 것은 대체 우리에게
어떤 속성을 허락해줄까? 바로 인내심이다.
인내심은 똑같은 파동 안에서도 시간을 길게 여길 위험과
지루함을 느끼지 않는 방법을 동시에 제공하면서
항상 우리로 하여금 그 보상을 얻게 해준다.
인내는 일종의 기도여서
반드시 어떤 응답이든 오게 되어 있다.
만일 아무것도 받은 게 없다면,
그건 다만 우리가 아직 깨달음을 얻지 못한 것일 뿐이다.

고대 인류에게는 인내심이 필수였습니다.

사냥을 위해서는 며칠이라도 숨 죽여 기다려야 했으니까요.

그러나 기술의 발전은 인류를 인내심에서 점점 멀어지게 만들었습니다.

심지어 효율성이 가장 중요시되는 현대 사회에서는 인내가 오히려 철지난 가치로 치부되기도 합니다.

실제 우리는 지금 시간을 분, 초 단위로 쪼개며 숨 가쁘게 살아갑니다.

보십시오. 하던 일을 잠시 쉬는 동안에도 절대 가만있지를 못하고 벌써 휴대폰을 꺼내 들지 않습니까.

이처럼 고대 인류에게는 필수였던 인내심이라는 원초적 덕목이 이 시대 우리에게는 희귀한 미덕이 되고 말았습니다.

그런데 책의 저자 〈실뱅 테송〉은 〈눈표범〉을 기다리는 과정 속에서 그 〈인내〉라는 소중한 미학에 한 발 더 다가가며 눈처럼 깨끗하고도 시린 행복을 보상받았다고 고백합니다.

어거스틴은 〈인내를 지혜의 동반자〉라고 했습니다.

지혜로운 사람이야말로 진정 인내할 줄 안다는 뜻입니다.

〈코로나19〉가 우리의 인내심을 시험하고 있습니다.

너무 어둡고 긴 터널이라 절망감을 느끼게도 하지만 오히려 이참에 인내심을 배웁시다.

지금 우리에게 가장 필요한 것은 바로 기다림의 미학인 인내심일지도 모릅니다.

배고픔을 견디지 못했던 에서는 팥죽 한 그릇에 장자의 신분을 팔아버리고 말았습니다.

인내하지 못함이 부른 일생일대의 비극이었습니다.

주의 형제 야고보의 간곡한 당부입니다.

형제들아 내가 주의 이름으로 말한 선지자들을 고난과 오래 참음의 본으로 삼으라 보라 인내하는 자를 우리가 복되다 하나니 너희가 욥의 인내를 들었고 주께서 주신 결말을 보았

거니와 주는 가장 자비하시고 긍휼히 여기시는 이시니라(약
5:10-11)

여호와 이레

유명한 희곡 〈하나님에 대한 심판〉(The Trial of God)은 1986년 노벨 평화상 수상자요 우리에게는 〈밤〉(Night)이라는 자전적 소설에 나오는 도발적 질문 〈하나님은 어디 있는가?〉로 잘 알려진 루마니아 태생의 유대계 작가 〈엘리 위젤〉(Elie Wiesel)의 작품입니다.

위젤은 유소년기에 아우슈비츠 수용소에서 숨 막히는 죽음의 현장을 직접 경험했고, 이 작품 역시도 그가 수용소에서 목격한 세 사람의 유대교 랍비가 벌인 하나님에 대한 재판에서 영감을 얻은 것이라고 했습니다.

사실 우리는 자주 하나님을 법정에 세우고 많은 질문을 던지고 싶어 합니다.

그러나 그것은 결국 자기의 믿음을 심판대에 올리는 것이고, 하나님에 대한 심판은 언제나 인간 자신에 대한 심판에 다름 아니라는 것이 이를테면 위젤의 이 작품이 전하려는 핵심 메시지라

할 것입니다.

저 유명한 아브라함의 시험도 그렇습니다.

우선 하나님이 아브라함을 시험하시려고 그의 아들 이삭을 제물로 바칠 것을 명령하셨다는 것 자체가 전혀 하나님다워 보이지 않습니다.

그럼에도 아브라함은 아무런 저항이나 일말의 이의제기도 없이 아침 일찍 일어나 모리아산을 향해 길을 떠났다는 것인데 도무지 말이 안 됩니다.

보통은 절규하며 몇 날 며칠을 뜬 눈으로 밤을 지새우고 고뇌해야 상식에 닿지 않습니까?

조카 롯을 위해서는 그토록 읍소하던 아브라함이 정작 자기 자신의 생사를 위해서는 어째서 그토록 냉정하더란 말입니까?

삼일 간의 여정이면 결코 짧은 거리가 아니건만 아버지와 아들은 길을 가는 내내 아무런 대화가 없습니다.

드디어 모리아산에 도착한 아브라함이 두 사환과 나귀는 산 아래 두고 이삭만 데리고 산을 오르기 시작하는데, 이 장면도 충격적입니다. 태워 바칠 아들 등에 나무를 지우고 아버지는 불과 칼을 들었습니다.

낌새가 이상했는지 아들이 묻습니다.

불과 나무는 있는데 번제로 드릴 양은 어디 있습니까?

그것은 가슴을 짓누르던 침묵을 깨고 아브라함의 심장을 찌르는 칼날이자 하나님을 인간의 법정에 세우고, 그 심판대에 아브라함의 신앙도 함께 올려놓는 준엄한 선언이기도 했습니다.

물론 아브라함에게는 아직 기회가 있었습니다.

도저히 납득할 수 없는 하나님의 명령을 따르기보다 차라리 아들을 택하는 편이 더 인간적이고 결국은 하나님도 이해하실 거라며 자신을 설득할 수 있는 여지가 조금은 남아 있었다는 것입니다.

그러나 아브라함은 참으로 놀라운 고백을 합니다.

번제할 어린 양은 하나님이 친히 준비하시리라!(여호와 이레)

〈웃음〉(이삭)이란 뜻의 아들을 지키는 것과 그 아들의 목을 따야 하는 언어도단의 현실 사이에서 아브라함은 자신의 선택을 분명히 했습니다.

흔히 우리는 너무 가혹하다거나 말도 안 된다며 되려 하나님의 유죄를 선언하고 이삭을 택함으로써 결국은 이삭도 하나님도 다 잃어버립니다.

그러나 아브라함은 이 세상 사람들이 다 그렇게 돌아선다 해도 나는 오직 하나님의 진실과 무죄를 믿고 그분 편에 서겠다는 다짐을 널리 천명한 것입니다.

우리 인생에는 때로 벅찬 바람이 불고 도저히 납득할 수 없는 혹독한 시련이 닥치기도 합니다.

어디에도 희망은 보이지 않고 현실은 오직 체념만을 강요할 때 흔히 우리는 동요하거나 분노하며 쉽게 절망의 화신이 되곤 합니다.

잿빛 새해, 올해는 역경에 직면할 때마다 아브라함을 떠올립시다.

그는 시퍼렇게 살아 있는 자기 외아들의 목에 칼을 들이대면서도 끝끝내 하나님에 대한 신뢰와 희망의 끈을 놓지 않았습니다. 그래서 마침내는 자신도 이삭도 다시 얻은 것입니다.

외적으로 볼 때는 아무런 가능성도 희망도 안 보였지만 그는 그렇게 홀로 〈여호와 이레〉의 믿음에 자신의 목을 내댔습니다.

절망하지 맙시다.

슬퍼하지 맙시다.

희망을 꺾지 맙시다.

세상 사람들의 온갖 단죄와 비웃음 속에서도 오직 하나님의 준비를 태산같이 믿읍시다.

아브라함처럼...

카오스와 코스모스

땅이 혼돈하고 공허하며 흑암이 깊음 위에 있고 하나님의 영
은 수면 위에 운행하시니라(창 1:2)

고대 희랍철학에서는 창세기의 이 시원적 상태를 〈카오스〉
(chaos)라고 불렀습니다.

〈카오스〉란 〈혼돈〉 〈흑암〉 〈심연〉 등을 가리키는 말입니다.

〈코스모스〉(cosmos)가 질서정연하고 조화롭고 완벽한 피조 세
계인 〈우주〉를 뜻한다면 〈카오스〉는 깜깜하고 공허하고 불규칙
하고, 전혀 예측 불가능한 〈혼돈〉을 의미합니다.

지금은 전 지구적인 팬데믹이며 경제, 정치, 외교, 문화, 관
광, 사회질서, 국제질서 등이 송두리째 무너져 모든 나라들이 거
의 패닉 상태에 빠진 그야말로 〈카오스〉 시대라 할 만 합니다.

그런데 중요한 것은 그 절망적인 원초의 〈카오스〉 가운데도

〈하나님의 영이 수면 위를 운행하셨다〉는 겁니다. 바로 여기에 우리의 희망이 있습니다.

그 어둡고 무시무시한 〈카오스〉의 수면 위로 〈하나님의 영〉이 떠다니셨습니다.

어거스틴은 창세기 1:2의 〈카오스〉를 〈코스모스〉로 가는 하나님의 창조사역의 한 과정으로 봤습니다.

그는 〈무로부터의 창조〉(크레아치오 엑스 니힐로)라는 믿음에 굳게 서서 태초에 하나님이 〈절대 무〉(우크 온)로부터 애벌로 창세기 1:2의 〈카오스〉 상태, 즉 〈상대무〉(메 온)를 먼저 창조하시고, 다시 그 흑암하고 공허한 〈카오스〉를 향해 〈빛이 있으라〉(창 1:3)하시며 이레에 걸쳐 완벽한 〈코스모스〉를 창조하심으로써 〈지으신 그 모든 것을 보시니 심히 좋았더라〉(창 1:31)며 스스로 감탄하셨다고 했습니다.

따라서 〈카오스〉는 〈코스모스〉로 가는 수순이며, 보다 완벽한 창조 세계로 가는 과정입니다.

사실 어느 시대나 〈카오스〉는 있었습니다.

그리고 그때마다 〈카오스〉는 인류에게 불안과 두려움을 안겨주며 어두운 나락으로 추락하는 절망감을 맛보게도 했습니다.

그럼에도 그것은 늘 새로운 〈코스모스〉로 거듭나기 위한 진통이었습니다.

따라서 중요한 것은 지금 우리에게 과연 태초에 〈카오스〉의

수면을 운행하시던 그 〈하나님의 영〉과 흑암과 혼돈을 향해 〈빛
이 있으라!〉하시며 외치시던 그 〈하나님의 말씀〉이 있느냐 하는
것입니다.

1980년 미국의 천체 물리학자 칼 세이건이 출간한 〈코스모
스〉라는 책은 지금도 우리나라 자연과학도서와 인문교양도서 판
매 1위를 굳건히 지키고 있는 세계적인 스테디셀러입니다.
몇 년 전 내셔널지오그래픽 채널에서도 다큐로 방영해 전 세
계 7억 5천만 시청자들을 매료시키며 우주의 아름다움과 신비에
흠뻑 빠지게 한 바도 있습니다.

그런데 우리에겐 〈코스모스〉하면 떠오르는 또 하나의 감성적
이미지가 있습니다.
가을 하늘을 배경으로 청초하게 하늘거리는 대표적인 가을
꽃 얘깁니다.
지금 코스모스가 군락을 이룬 저 한강 둔치에 나가 보십시오.
아무런 질서도 없이 그냥 빼곡히 흐드러진 듯 보이지만 자세
히 보면 놀랍도록 정교하고 섬세하고 조화로우며 산만한 중에도
질서정연한 이합집산을 볼 수 있습니다.

화장품이라는 뜻의 〈코스메틱〉도 〈코스모스〉라는 말에서 온
것임을 생각하면 하나님이 〈카오스〉를 거쳐 창조하신 이 〈우주〉
야말로 가히 경탄을 금치 못할 만큼 아름답고 신비하고 완벽합

니다.

　부디 어두운 〈카오스〉의 수면을 운행하시던 〈하나님의 영〉과 공허하고 혼돈한 심연을 향해 〈빛이 있으라!〉하셨던 그 〈하나님의 말씀〉이 지금의 〈팬데믹〉 상황을 평정하고 병든 이 〈코스모스〉를 새롭게 재창조해주시길 진심으로 기원해 봅니다.

뽕나무에 오르다

아직 코로나 정국은 끝나지 않았는데 요 며칠간 자연의 싱그러움은 더욱 어우러져 맑은 하늘, 투명한 햇살, 붉게 타는 영산홍이 가정의 달, 사랑의 달, 감사의 달인 5월을 더욱 설레게 하고 있습니다.

주님 일행이 여리고라는 마을을 지나실 때도 어느 아름다운 봄날이었습니다.

사람들이 주님을 보기 위해 길을 가득 메웠고, 그 무리들 틈에는 키 작은 루저 삭개오도 끼어 있었습니다.

그러나 결국 그는 키 크고 힘센 사람들에게 채여 저 가장자리로 밀려나고 말았습니다.

남보다 몸피가 작고 힘이 약해 무대의 중심에는 도저히 다가갈 수 없었던 아픈 경험, 그것은 이미 수없이 겪고 당해온 그의 일상이자 절망이었습니다.

필시 그는 어린 시절에도 툭하면 힘센 녀석들에게 괴롭힘을 당했을 것이고, 예쁜 여자 아이들 마저 무시와 경멸을 보냈을 게 뻔합니다.

또한 그렇게 늘 뒷전으로 밀려나고 업신여김만 받아 온 터라 주변과 현실에 대해서도 절대 고운 시선을 갖지 못했을 거라는 점 또한 짐작이 가고도 남습니다.

마침내 그는 높은 나무 위로 올라가기로 했습니다.

좋다. 내가 니들을 죄다 머리 꼭대기에서 내려다 봐 주마!

그리고 그가 택한 크고 강한 나무란 바로 로마제국이었습니다.

자기보다 좀 약해 보인다 싶으면 가차 없이 깔아뭉개는 이 세상을 이길 방도란 그렇게 자신의 작은 키를 대신해 줄 키 큰 나무에 올라가는 수밖에 없다고 생각한 것입니다.

실제 그는 그 나무에 오르고 또 올라 드디어 동족의 피를 빠는 악명 높은 세리의 우두머리가 되었습니다.

얼마나 통쾌했을까요?

오늘 우리도 다 여리고성의 삭개오를 닮았습니다.

작고 힘없는 나라에서 태어나 오랜 세월 남에게 짓밟히며 살아 왔기에 그게 한이 되어 모두가 날마다 〈뽕나무 기어오르기〉 경쟁을 벌이며 삽니다.

오르고 또 오르면 못 오를리 없다는 신념으로, 심지어는 예수를 믿는 일 조차도 오로지 남보다 먼저 뽕나무에 기어오르기가 되어버렸습니다.

그래서 다투어 예배당을 웅장히 짓고, 너도나도 초대형 교회로 몰려가 등록을 하고, 유명 스타 목사의 설교를 들어야 비로소 주님을 만날 수 있다고 믿기에 이른 것입니다.

또 모든 것을 그렇게 물량과 힘으로 판단하기 때문에 한없이 기가 죽거나, 반대로 하늘을 찌를 듯 교만하기도 합니다.

그런데 뽕나무 밑을 지나시던 주님의 눈길이 삭개오와 딱 마주쳤습니다.

삭개오야!(눅 19:5)

그것은 이리 채이고 저리 밀리며 인생의 가장자리로 떨어졌던 그를 다시 이 세상 중심으로 불러내신 주님의 따뜻한 음성이었습니다.

당장 그 나무 위에서 내려오너라!

뜻밖에도 주님은 독한 마음을 품고 필사적으로 기어오른 그 높은 나무 위에서 냉큼 내려오라고 하셨습니다.

내가 오늘 네 집에 유할 것이라!

이 삭개오 이야기는 오직 〈남보다 먼저! 남보다 높이!〉라는 삶의 철학으로 아웅다웅 살아가고 있는 오늘 우리들에게 참 많은 것을 생각하게 합니다.

　당시 삭개오는 주님의 그 말씀에 순종하여 결국 나무 아래로 내려왔고 주님은 곧 〈오늘 구원이 네 집에 이르렀다〉(눅 19:9)고 하셨습니다. 개인 뿐 아니라 그의 가정 전체의 구원을 선언해 주신 것입니다.

　이 화사한 5월, 여러분 가정에도 주님의 이 따뜻한 구원의 음성이 전해지길 진심으로 기원합니다.

미네르바의 올빼미

제헌절 아침입니다.

〈법〉하면 일단 머리부터 지끈지끈 아파오는 게 우리 보통 사람들의 일반적인 정서인데 그럼에도 우리나라는 법조인 천국입니다.

지금 국회에는 46명의 법조인 출신들이 있습니다.

의원 6명 중 1명이 법조인입니다.

전, 현직 대통령이나 내년 대선 후보군에도 법조인이 압도적입니다.

노무현, 문재인, 대선에서 두 번이나 낙선한 이회창, 현 여권의 유력 대선후보인 이재명, 추미애, 컷오프 됐지만 양승조 충남지사, 야권 후보인 홍준표, 역시 검사출신인 원희룡 제주지사, 오세훈, 황교안 뿐 아니라 며칠 전 〈국민의 힘〉에 입당한 최재형 전 감사원장, 윤석열 전 검찰총장 등도 다 최고위 법조인 출신 아닙니까?

누구는 몇 년 간 법조문 달달 외워서 고시 하나 패스한 것 가지고 평생 온갖 권력과 부를 다 누리며 산다고 욕할 수도 있겠으나 생각해 보십시오. 지금도 크게 달라지진 않았지만 전에는 특히 개인의 적성과는 전혀 상관없이 문과에서 공부 잘 하는 놈은 무조건 사법시험 봐서 법조인이 되고, 이과에서 공부 잘 하는 놈은 무조건 의사가 되는 게 우리 사회의 지극히 당연한 통념처럼 여겨지지 않았습니까?

법조인과 의사들이 유독 엘리트 의식이 강한 이유입니다.

또한 대통령과 국회의원은 선출직임에도 법조인이 많다는 것은 아직도 그들에 대한 우리 국민들의 신뢰가 그만큼 높다는 뜻이고, 우리 한국인들의 의식 속에 뿌리박힌 성리학적 정서, 즉 사농공상의 유교문화와 또 욕을 하면서도 여전히 엘리트에 대한 환상을 버리지 못하는 학벌 사회 전통이 그만큼 강고하다는 뜻 아니겠습니까?

복음서를 보면 주님은 언제나 전체보다는 개인을 상대하셨습니다.

즉, 주님의 복음 사역은 사회개혁이나 사법개혁보다도 그 사회와 법질서로부터 소외된 죄인들의 구원에 더 관심하셨습니다.

그러나 한 생명을 구하는 데 있어서 기존의 사회 질서나 법질서가 그것을 방해하거나 가로막을 경우에는 단호한 결전도 불사하셨습니다.

선보다는 악을 옹호하고, 사람을 살리기보다는 오히려 죽이는 법으로 기능했던 당시의 안식일법, 이혼법, 정결법 등과의 한판은 가히 목숨을 내건 대결이었습니다.

실제 마가복음은 주님의 안식일법 파기 사건이 곧 그의 죽음의 최초의 동인이었다는 사실을 분명히 합니다(막 3:6).

바울 역시도 그리스도인들의 법적 자의식을 강하게 주장한 사람입니다.

바울 시대 고린도는 비록 로마제국의 식민지였을망정 헬레니즘 문명이 절정을 이룬 화려한 대도시였습니다. 특히 당시 고린도 사람들의 정신세계를 지배하고 있었던 헬라 사상은 에피큐리안들의 쾌락주의였습니다.

그게 무엇이든 인간의 쾌락을 위한 것일 때만 의미가 있고 진리라는 것입니다.

따라서 그들은 일하기 위해 먹기보다는 먹기 위해 일했고, 진리를 밝히기 위해 철학을 하기 보다는 사변의 유희를 위해 우주와 인간을 논했으며 심지어 종교마저도 그들에게는 쾌락을 위한 도구에 불과했습니다.

당시 고린도의 아프로디테 신전에는 약 천 여 명의 미녀 사제들이 있어서 날마다 예배자들과 함께 먹고 마시며 쾌락을 즐겼는데 그들에게는 그게 곧 종교의식이었습니다.

그런데 문제는 그 같은 쾌락주의 문화가 인권을 옹호하고 냉정하게 시비를 가려야 할 법정에까지 만연되어 재판이 무슨 스포츠 경기와도 같이 이루어졌다는 것입니다.

당시의 재판은 〈아고라〉라는 광장에서 행해졌고 먼저 방청객 중에서 배심원을 선정했는데 20명, 40명, 100명 때로는 수천 명까지도 동원했다는 기록이 있습니다.

그렇게 되면 사람들은 으레 두 패로 갈라져 서로 열띤 응원을 하며 열광하곤 했는데 바로 그런 세계에 기독교 복음이 전파된 것입니다.

그런데 고린도전서 6:2을 보면 바울이 느닷없이 〈훗날 성도들이 이 세상을 심판할 것을 너희가 알지 못하느냐〉, 심지어 3절에서는 〈우리가 천사들까지도 심판할 것〉이라며 〈하물며 이 세상 일이랴〉하고 일갈합니다.

이것은 앞서 언급한 헬레니즘 문화권의 재판 형식의 알레고리로 하나님이 이 세상을 심판하실 때 우리 그리스도인들이 그 재판의 배심원이 된다는 뜻입니다.

가히 혁명적인 그리스도인의 법적 자의식이 아닐 수 없습니다.

헤겔은 그의 〈법철학 개요〉(Grundlinien der Philosophie des Rechts) 서문에서 〈미네르바의 올빼미는 황혼녘에 날개를 편다〉고 했습니다.

그렇습니다.

우리 믿는 자들이야말로 역사가 저무는 황혼녘 비로소 기지개를 켜며 주님과 함께 이 세상 모순과 불의를 심판하기 위한 힘찬 날갯짓을 시작할 것입니다.

바벨탑 이야기와 성령강림 이야기

고대 바벨론은 티그리스강과 유프라테스강 유역, 즉 메소포타미아 지방 남동쪽에 위치했던 문명국으로 일찍부터 그 명성이 높았습니다.

창세기에 따르면 〈그들은 벽돌을 만들어 돌을 대신하고 역청으로 진흙을 대신하여 탑을 건설하고자〉(11:3)했다는 것입니다.

이게 바로 인류 문명의 발단이자 테크놀로지의 기원입니다.

그들은 자연석 대신 사람의 기술로 구운 벽돌을 사용했고, 진흙 대신 역청, 즉 아스팔트를 외벽에 발라 건축을 마감했습니다.

대지로부터 떨어질수록 발달된 문명이라고 하는데 그들은 그렇게 성탑을 높이 쌓으며 〈그 끝을 하늘에 닿게 하여 우리의 이름을 온 지면에 내자〉(11:4)고 했습니다.

지금도 인류는 초고층 랜드 마크로 자신들이 최고의 문명국임을 과시하려 하잖습니까?

그런데 이렇게 시작된 바벨론 제국의 그 웅대한 문명의 탑이 어느 날 그만 중단되고 말았습니다.

왜 그랬을까요?

창세기에 의하면 〈이후로는 그들이 하고자 하는 일을 막을 수 없을 것이므로〉(11:6) 〈여호와께서 그들의 언어를 서로 알아들을 수 없게 혼잡하게 하사 그들을 다 흩으셨기 때문이라〉(11:9)고 합니다. 실로 인류 문명의 본질을 꿰뚫어 보신 말씀이 아닐 수 없습니다.

문명이란 탑 꼭대기를 하늘에 닿게 하려는 것처럼 그 한계를 모릅니다.

또 어느 단계에 이르면 그 자체의 자율성 때문에 통제가 불가능하며 마침내는 하나님께 도전하고 인간마저도 소외시키는 결과를 낳게 합니다.

그래서 하나님이 그 바벨탑 건설을 막으셨다는 것은 무엇보다 그들의 하늘을 찌를 듯한 교만을 심판하셨다는 뜻인데, 그렇다면 당시 하나님이 그들의 〈언어를 혼란케 하셨다〉는 말씀은 대체 무슨 뜻일까요?

언어란 단순한 기호가 아닙니다.

이해의 전달입니다.

따라서 언어의 혼란과 단절이란 곧 이해의 혼란과 소통의 단절을 가리키는 것으로 강고한 사회 계급의 형성이나 지배 계급과 피지배 계급 간의 불통이 마침내는 극심한 불신 사회를 조장해 결국 그 시대와 공동체의 종말을 가져왔다는 뜻일 것입니다.

그런데 이와는 대조적으로 신약 사도행전 2장이 전하는 오순절 성령강림 사건은 〈그들이 다 성령의 충만함을 받고 성령이 말하게 하심을 따라 다른 언어들로 말하기를 시작했다〉(2:4)고 하고, 〈큰 무리가 각각 자기의 방언으로 제자들이 말하는 것을 듣고 소동하며 다 놀라 신기하게 여겨 이르되 보라 우리 각 사람이 난 곳 방언으로 듣게 되는 것이 어찌 됨이냐〉(2:6-8)며 경이로워 했다는 것입니다.

이처럼 오순절 성령강림으로 인한 방언사건은 자신의 언어를 남에게 강요하지 않고 상대방의 자리에서 서로의 뜻을 전달하고자 한 소통의 가장 모범적 사례이자 원형이었습니다.

강자가 약자의 소리를 말살하며 오직 자기의 언어만을 일방적으로 강요하는 사회에서는 결코 정의와 평화가 이룩될 수 없습니다.

고대 바벨론 제국이 그랬고, 옛 로마 제국이 그랬습니다.

그들은 다 서로 알아들을 수 없는 언어의 혼잡과 의사의 불통 때문에 망했습니다.

그러나 오순절 성령강림은 소통의 혁명이자 언어 질서의 재편이었습니다.

출신, 문화, 계급, 세대, 성별 간의 차이를 뛰어넘어 각 나라에서 온 모든 사람들이 성령 안에서 다 자기의 목소리를 내며 대등하게 소통하고, 서로의 뜻을 전달하는 가운데 그게 누구의 언어든 용납하고 존중한 공동체, 결코 나의 말만을 고집하지 않고 너의 소리에 귀 기울이며 서로의 언어를 공감함으로써 진정한 소통의 모델을 제시한 사건이 바로 오순절 성령강림의 방언 현상이었습니다.

부디 소통의 영이신 성령으로 충만하시길 빕니다.

갈릴리에서 만나자!

복음서 중 가장 먼저 기록된 것으로 알려진 마가복음은 〈안식 후 첫 날 새벽〉 주님의 무덤을 찾아간 몇몇 여인들에게 〈그는 살아나셨고 여기 계시지 아니하니라 가서 그의 제자들에게 예수께서 너희보다 먼저 갈릴리로 가시나니 거기서 뵈오리라 하라〉(막 16:6-7)는 천사의 당부로 끝납니다.

그렇다면 주님은 왜 굳이 자신이 부활하신 곳이요 좌절한 제자들과 여인들이 아직 슬픔에 잠긴 채 머물고 있는 예루살렘이 아닌 먼 갈릴리에서 다시 만나자고 하셨을까요?

예루살렘은 결코 만남의 장소가 아니었기 때문입니다.

그곳은 오히려 권모술수의 장소요 거짓이 진리를 누르고 증오가 사랑을 유린하고 죽음이 삶을 조롱하고 불의가 정의를 비웃으며 득세한 자리였기 때문입니다.

종교 지도자들과 정치권력과 예루살렘 사람들이 야합하여 십자가에 못 박은 주님의 피가 골고다 언덕을 적신 채 아직 미처 다 마르지도 않은 곳이었기 때문입니다.

따라서 억울함과 분노에 떨고 있던 제자들에게 부활하신 주님이 만약 그 예루살렘 어디에선가 만나자고 하셨다면 어떻게 됐을까요?

〈아하, 이제 드디어 복수하나 보다! 마침내 거사하나 보다!〉하고 생각하지 않았을까요?

이렇듯 당시 예루살렘은 대결과 갈등의 장소지 결코 화해나 화합의 장소는 아니었습니다.

그래서 부활하신 주님이 굳이 먼 갈릴리에서 만나자고 하신 겁니다.

그렇다면 갈릴리는 어떤 곳이었습니까?

주님이 처음 제자들과 만나신 곳 아닙니까?

오직 사랑과 순종과 평화만이 지배하던 곳, 대립, 분열, 싸움, 모함, 공작, 증오 이전의 장소요 주님과 제자들의 영원한 마음의 고향 같은 곳이었습니다.

그래서 주님이 그 첫 사랑의 장소인 갈릴리에서 제자들과 재회하길 바라셨던 겁니다.

사도행전을 보면 그때 갈릴리에서 부활하신 주님과 다시 만난 제자들은 복수를 위한 진격 대신 유대 전통의 헤브라이즘과 헬레니즘을 이어주는 가교 역할을 담당하며 서로 갈라진 세계를 복원하고 분열하고 대결하는 관계를 화해시키며 오직 조화와 통합의 길로 나아갔다고 전합니다.

오늘날 우리도 심각한 대립과 갈등 속에서 살아가고 있습니다. 현실은 온통 괴리와 상반, 부조리와 모순, 대결과 증오로 가득 차있습니다.

지난주 실시한 서울 부산 보궐선거는 이런 우리 사회를 또 한 번 극단적으로 갈라치기 했고, 최악의 네거티브로 정책과 공약은 사라진 채 오직 생태탕과 엘씨티만 남은 선거판이 되었습니다.

최근 국회국민통합위원회가 실시한 설문조사에 의하면 우리 국민 89%가 사회 분열과 진영 갈등이 심각하다(매우 그렇다 49.2%, 그렇다 39.8%)고 답했고, 앞으로도 이런 현상이 더 심해질 가능성이 있다(매우 그렇다 34.9%, 그렇다 46.6%)며 우려했습니다.

무덤에서는 주님을 만나지 못했던 것처럼, 대결과 대치, 미움과 갈등과 분열의 장소인 예루살렘에서는 주님과 해후할 수 없었던 것처럼, 대립과 불신과 반목의 현장에서는 결코 부활하신 주님을 뵐 수 없습니다.

그렇다면 우리의 갈릴리는 어디일까요?

우리가 부활하신 주님을 뵙고 서로 화해하며 상생 할 수 있는 이 시대의 갈릴리는 대체 어느 지점에 있을까요?

지혜를 구하자!

〈솔로몬〉하면 이스라엘 역사상 가장 빼어난 현군으로 알려져 있지만 실은 가장 피비린내 나는 골육상쟁의 인물이기도 했습니다.

그런데 그 처절한 권력 투쟁의 암투와 모살 끝에 왕권을 쥔 후부터는 그가 크게 달라졌습니다. 왕위에 오르긴 했지만 더 이상 칼을 휘두르는 방식으로는 백성을 다스릴 수 없다는 사실을 깨달았기 때문입니다.

그래서 우리가 잘 아는 대로 그가 하나님께 〈지혜로운 마음〉을 얻고자 기도한 것입니다.

그러자 〈하나님이 이르시되 네가... 원수의 생명을 멸하기를 구하지 아니하고 오직 지혜를 구하였으니 내가 네게 지혜롭고 총명한 마음을 주노니 네 앞에도 네 뒤에도 너와 같은 자가 없으리라〉(왕상 3:11-12)하시며 그야말로 전무후무한 지혜의 은사를 부어 주셨습니다.

이로써 그는 가장 포악한 군주가 될 수도 있었던 기로에서 역사상 가장 뛰어난 현군의 길로 들어서게 된 것입니다.

그러나 그가 지혜를 얻어 영특해졌다는 것은 갑자기 머리가 좋아졌다는 뜻이기 보다 문제 해결의 방도가 변했다는 사실을 의미합니다.

즉 칼의 논리와 칼에서 최후의 보장을 찾던 종래의 신념을 버리고, 생명을 중시하고 생명 구하는 일을 자기 통치 철학의 기초로 삼았다는 사실을 가리킨다는 것입니다.

그런 솔로몬 앞에 어느 날 몹시 난해한 미션 하나가 주어졌습니다. 몸을 파는 두 여인이 그 씨를 알 수 없는 한 아기를 놓고 진실 게임을 벌인 것입니다.

살아 있는 생명에 대한 소유권을 놓고 서로 우기며 왕 앞에서까지 막무가내로 다투는 모습이라니 참 어이가 없는 노릇이었습니다. 요즘 같으면야 DNA 검사로 간단히 해결할 수 있는 문제였지만 당시로서는 여간 난감한 송사가 아니었습니다.

그럼에도 재판석에 앉은 솔로몬은 흥분하지도 격노하지도 않은 채 태연히 〈칼을 가져오라!〉고 했습니다. 가장 당혹스러워한 것은 역시 명령을 받은 신하들이었습니다.

대체 어쩌자는 것인가?

저 아이를 둘로 나누어 반은 이 여인에게, 반은 저 여인에게 주라!(왕상 3:25)

그렇습니다.

소유권을 확정하는 방식에 있어서 칼만 한 것은 없습니다.

소유권 분쟁에서 사람들이 최종적으로 선택하는 것은 언제나 이것은 내 것이고 저것은 네 것이라는 식의 날카로운 칼질이었습니다. 그런데 바로 그 과정에서 미처 생각하지 못한 문제가 발생했습니다.

그것은 곧 〈생명과 소유의 대립〉입니다.

칼은 소유를 확정해주는 대신 생명을 앗아갑니다.

반면 소유를 포기하면 아기의 생명을 살릴 수 있습니다.

그렇다면 과연 무엇을 택하고 무엇을 버릴 것인가?

바로 여기에 지혜의 핵심이 있습니다.

솔로몬의 위대한 지혜란 바로 그 첨예한 대립각 한가운데서 결국은 생명의 힘이 칼의 힘을 이길 것이라는 사실을 굳게 믿었다는 데 있습니다.

지금은 모두가 칼을 휘둘러 소유의 경계를 획정하는 사회를 당연시하고, 그 과정에서 더러 상처가 나고 피를 보는 한이 있어도 그런 쯤은 불가피하다고 여기는 시대입니다.

이를테면 잠결에 자기 아기를 질식시켜 죽인 여인은 소유를 위해서라면 때로 한 생명이 죽어나가는 일쯤은 감수해야 한다고 생각하는 유형을 대표하는 인물입니다.

그런 사람은 소유 대신 생명을 지키려는 노력을 어리석은 행위로 규정하고 그 과정에서 남의 가슴에 못을 박는 일 따위는 전혀 대수롭지 않게 여깁니다.

그리고 세상 지혜란 바로 그런 일들을 교묘히 합리화하고 정당화하는 능력을 의미합니다.

퇴임을 불과 며칠 남긴 트럼프 대통령에 대한 미 하원의 탄핵안 가결은 미국 정치의 삭막한 현주소를 여실히 드러냈을 뿐 아니라 지구촌 최고의 권력가라도 그 칼을 함부로 휘두르면 결국은 법의 심판을 피하지 못한다는 준엄한 교훈을 남긴 사례가 아닐 수 없습니다.

그게 다 탐욕과 미련함 무모함의 결과입니다.

트럼프의 탄핵소추안 혐의는 〈내란 선동〉, 내란을 막아야 할 최후의 일인자가 도리어 내란을 선동한 죄로 탄핵되는 이 기막힌 이율배반!

그래서 진정한 지혜란 현실 속의 허구를 꿰뚫어 보며 거짓을 고발할 뿐 아니라 뜨거운 가슴으로 서슬 퍼런 칼마저도 녹여 내는 생명의 열정을 가리킵니다.

기억하십시오.

우리가 이 암울한 새해에도 꼭 구해야 할 하나님의 은혜란 〈소유를 위해서라면 수단과 방법을 가리지 않겠다〉는 어느 창녀의 교활한 꾀나 터무니없는 탐욕이 아니라 솔로몬처럼 오직 생명을 구하는 멋진 꿈과 지혜라는 것을!

역설의 기쁨 전천후의 감사

항상 기뻐하라. 범사에 감사하라(살전 5:16, 18)

지독한 역설입니다.

사람은 누구나 기뻐할 일이 있어야 기뻐하고 감사할 일이 있어야 감사합니다.

따라서 항상 기뻐하라, 모든 일에 감사하라는 것은 현실을 지나치게 낙관한 것이 아닌가 현실을 지나치게 만만하게 본 것이 아닌가 하는 의구심을 갖게 합니다.

삶이란 결코 기뻐하고 감사할 일만이 아니라 오히려 억울하고, 안타깝고, 속상하고, 아쉬운 일들이 더 많은 게 사실이고, 또 남이 우는데 나만 기뻐하고 감사하는 것도 자칫 삶을 조롱하는 꼴이 될 수도 있기 때문입니다.

사실 바울도 기쁨이나 감사보다는 늘 고난과 아픔을 더 많이 의식하며 산 사람입니다.

그는 우선 모진 병을 지고 살지 않았습니까?

그게 어떤 병이었는지는 확실하지 않지만 그 자신의 표현을 빌리면 〈마치 몸을 찌르는 가시〉와도 같은 것이었고, 육체적 고통을 넘어 영적인 위축까지도 느끼게 한 〈사탄의 사자〉(고후 12:7)와도 같은 것이었습니다.

실제로 사람들의 눈에 그 병이 하나의 저주처럼 보일 수도 있었다는 사실을 바울은 이렇게 진술합니다.

> 너희를 시험할 만한 것이 내 육체에 있으되 너희가 나를 업신여기지도 아니하며 버리지도 아니하고 그리스도 예수와 같이 나를 영접하였도다(갈 4:14)

뿐만 아닙니다. 고린도교회와의 관계도 바울을 몹시 힘들게 했습니다.

고린도교회는 바울이 직접 개척했습니다.

그런데 고린도후서를 쓸 무렵에는 교회 내부에 여러 가지 골치 아픈 문제들이 발생했는데 그중에서도 가장 위협적인 것은 역시 바울의 사도권을 부정하는 움직임이었습니다.

그들은 〈그의 편지는 힘이 있어 좋으나 실제 대하면 외모가 약하고 말이 시원치 않다〉(고후 10:10)며, 자고로 하나님의 사람이란 다른 이들을 압도하는 외적 권위와 카리스마가 있어야 함에도 바울에게는 그게 부족하다며 그의 사도성을 의심했는데 놀랍게도 바울은 말이 부족하다는 그들의 지적을 솔직하게 접수합니다

(고후 11:6).

그러나 그것은 케제만이나 라이헨슈타인 같은 학자들의 지적처럼 주술적인 웅변술로 사람들을 흥분시키는 헬레니즘의 신비주의적 언변이 없었다는 뜻이지 지식이나 논리가 부족했다는 말은 아니었습니다.

어디 그뿐입니까?

바울이 〈기쁨의 서신〉인 에베소서와 〈감사의 서신〉인 골로새서를 쓸 때는 형 집행을 기다리는 사형수로서 로마 감옥에 있지 않았습니까? 그러니까 자신의 생애 중 가장 힘들고, 가장 외롭고, 가장 처절한 시간을 보내면서도 그는 〈기쁨〉과 〈감사〉를 노래한 것입니다.

이게 과연 가능할까요?

바울은 갈라디아서 4:19에서 〈출산의 고통〉을 얘기합니다.

출산은 〈하늘이 노래질 만큼 고통스럽다〉고 합니다.

따라서 그게 절대 즐거울 수는 없었습니다.

그러나 즐겁지 않고 고통스럽다고 기쁨마저도 없다는 얘기는 아니며 감사하지 않다는 뜻은 더더욱 아닙니다.

죽도록 아프고 고통의 극한까지 가는 일이지만 또 세상에서 출산보다 더 기쁘고 감사한 일은 없습니다.

다시 말해 고통과 기쁨, 아픔과 감사는 얼마든지 동시적일 수 있다는 것입니다.

문제는 사랑입니다. 사랑만 있으며 그게 비록 하늘이 노래지는 일이라 해도 우리는 진심으로 기뻐하고 감사할 수 있습니다.

고통이 즐거움은 앗아갈 수 있을지 모르지만 기쁨과 감사마저 해칠 수 없기 때문입니다.

사랑하는 자식이 부모의 마음을 가득 채우면 그 부모는 어떤 희생이나 고난도 다 기쁨과 보람으로 견딜 수 있습니다.

이렇듯 진정한 기쁨과 감사는 주님이 내 존재를 가득 채울 때 발생합니다.

또한 사랑하는 이의 매, 사랑하는 이의 분노, 사랑하는 이의 강요에 쫓기는 희열도 느낄 줄 알아야 비로소 우리도 바울이 말한 그 〈역설의 기쁨〉〈전천후의 감사〉를 제대로 고백하게 될 것입니다.

어느 레위인의 첩 이야기

지난 8.14는 올부터 국가 기념일로 지정된 〈일본군 위안부 기림일〉이었습니다.

구약 사사기 19장에는 참 잔혹한 성폭력 사건 하나가 소개됩니다.

레위인의 첩이었던 한 여인이 남편과 함께 친정에서 집으로 돌아가는 길에 날이 저물어 기브아라는 곳에서 하룻밤 쉬어 가기로 했습니다.

그런데 그날 밤 그 지방의 불량배들이 몰려와 집 주인에게 〈네 집에 들어온 사람을 끌어내라. 우리가 관계하리라〉며 갖은 협박을 다 했습니다.

그들이 〈관계하겠다〉고 한 것은 노골적인 동성애적 표현으로 당시 그 사회의 문란했던 성문화를 가늠케 하는 대목입니다.

당황한 집 주인이 결국은 타협안을 내놓습니다.

처녀인 내 딸과 이 사람의 첩을 대신 줄테니
그들을 욕보이라!

집 주인과 레위인은 지체하지 않고 그 두 여인을 밖으로 내보
내는데, 히브리어 원문을 보면 〈레위인이 여인을 꽉 붙잡아 밖으
로 밀어냈다〉고 합니다.
나가지 않으려고 저항했지만 여인들은 끝내 불량배들에게 넘
겨졌고, 레위인은 그 대가로 집안에 머물며 안전을 보장받을 수
있었다는 것입니다.

한편 불량배들에게 끌려가 밤새도록 집단 성폭행을 당한 여
인은 새벽녘 간신히 그 집 문턱까지 기어와 죽고 맙니다.
레위인이 아침 일찍 일어나 홀로 도망갈 채비를 하고 황급히
그 집을 빠져나가려다말고 만신창이가 된 채 쓰러져 있는 첩을
발견합니다.
그러나 그는 얼른 일으킬 생각은 않고 뻣뻣이 서서 〈일어나
라!〉고만 합니다. 여전히 그렇게 남성으로서, 첩의 주인으로서의
권위만 내세울 뿐이었습니다.

미국 유니온 신학대학의 구약학자 필리스 트리블 교수는 이
사건을 〈우리가 잊고 싶으나 절대 잊어서는 안 되고 오래 되새겨
야 할 이야기〉라고 했습니다.
왜냐하면 역사의 고비 고비마다 폭력에 짓밟힌 수많은 이름

없는 여인들의 모습이 이 레위인의 첩에게서 그대로 드러나고 있고, 또 직접 폭력을 가했거나 그것을 방조한 자들의 죄악과 위선도 함께 폭로되고 있기 때문이라는 것입니다.

사실 일본군 위안부 여성들은 밤새도록 불량배들에게 윤간당한 후 집 앞까지 기어와 죽은 이 레위인의 첩보다 훨씬 더 비극적이고 참혹합니다.

증언에 따르면 한국인 위안부 여성들은 하루 평균 일본 군인들을 3, 40명, 많은 날은 50명까지도 상대했으며, 오키나와에서는 하루 100명을 받기도 했다는 것입니다. 그 과정에서 수많은 어린 소녀들이 죽어나갔고, 성병에 걸리면 가차없이 생체 실험실로 보내졌는데 저 악명 높은 하얼빈의 일본군 731부대에서는 주로 매독에 걸린 위안부 여성들을 마루타로 이용했다고 합니다.

해방된 지 73년, 그동안 정부와 교회는 대체 무엇을 했는지 깊이 반성해 봐야 할 것입니다. 일본 군인들이 우리의 어린 딸들을 윤간하며 밤새도록 짓밟고 있을 때 우리는 오로지 자신의 안위만을 생각하며 홀로 기브아를 빠져나갈 궁리만을 한 것은 아닌지, 혹은 몸과 영혼을 갈갈이 찢긴 채 쓰러진 그들을 향해 지금도 여전히 뻣뻣이 선 채로 〈일어나라!〉고만 말하고 있는 것은 아닌지 통렬하게 자문해 봐야 할 것입니다.

한국인 위안부 공수 작전을 지휘한 일급 전범 토죠 히데오끼의 미망인은 매월 80만 엔의 국가 원호금을 받으며 호사스럽게 살아가고 있을 때 우리의 위안부 출신 할머니들은 피눈물을 삼키며 비참하게 살다 하나 둘 외롭게 생을 마감해야 했습니다.

만약 정부와 교회가 앞으로도 계속 이들을 불편해하거나 외면한다면, 그래서 그들의 한을 제대로 풀어드리지 못한다면 이제 몇 명밖에 남지 않은 위안부 할머니들마저 밤새 문고리를 잡고 절규하다 쓰러져 결국은 우리 모두를 하나님께 고발할 것입니다.

뿌리는 자와 거두는 자

저는 명색이 목회자면서도 늘 가슴에 품고 사는 노자(老子)의 경구 하나가 있습니다.

도덕경에 나오는 〈공성이불거〉(功成以不居)라는 말인데, 〈공을 세우되 거기에 머물지 않는다〉는 뜻입니다.

저야 그간 이룬 공이 없어 그 속에 머물고 말고 할 주제도 못되지만 70년대 후반 함석헌 선생이 명동 가톨릭 여성회관에서 노장(老莊)을 읽어줄 때 들은 그 오자성어 하나 만큼은 지금도 잊지 않고 항상 마음에 새기고 있습니다.

그것은 유교나 또 잘못 해석된 우리 기독교의 도그마에 비해 얼마나 시원하고 통쾌한지 모릅니다.

또 요즘도 가끔 그 경구 앞에 서면 제 모습이 더 작아지고 기독교 신자로서, 또 목회자로서의 제 마음이 많이 옹졸하다는 느낌을 지울 수 없어 몹시 부끄러울 때가 있습니다.

물론 성경에도 그런 말씀이 없지 않습니다.

한 사람이 심고 다른 사람이 거둔다 하는 말이 옳도다 이는 뿌리는 자와 거두는 자가 함께 즐거워하게 하려 함이라 내가 너희로 노력하지 않은 것을 거두러 보내었노니 다른 사람들은 노력하였고 너희는 그들이 노력한 것에 참여하였느니라(요 4:36-38)

주님의 이 말씀 역시 지금 우리의 삶이 무엇 위에 서있고, 내가 내 삶에 대해 진심으로 감사해야 할 이유가 뭣인지를 가르치신 것입니다.

지난 주 한글날 저녁 방송된 MBC PD수첩 〈명성교회 8백억의 비밀〉이 기록적인 시청률(7.6%)을 자랑하며 또 한 번 우리 사회에 큰 충격을 던졌습니다.

교회 세습은 결국 공로 싸움입니다.

〈내가 심은 것이니 반드시 내가 거둬야겠다〉는 철저한 이기심과 장삿속이 전제된 것입니다. 이런 사람에게는 홀로 누리는 기쁨만 있을 뿐 남과 함께 나누는 더불어의 기쁨은 없습니다. 모든 교인이 자신의 수확물이고 오늘의 성공, 오늘의 명예, 오늘의 지위와 부가 다 자신의 능력, 자신의 노력의 결과라고 믿기 때문에 세습이야말로 당연한 자신의 권리라고 생각합니다.

키에르케고르는 스스로 쳐놓은 공로의 그물에 웅크리고 앉아 거기에 걸려드는 먹잇감으로 사는 사람을 〈거미형의 인간〉으로 분류했습니다.

그런가 하면 평생 공을 들이고도 누가 마다하거나 때가 됐다 싶으면 아무런 미련도 없이 홀홀 떠나는 자유로운 영혼은 〈나비형의 인간〉으로 규정했습니다.

그런데 실은 자기가 세운 공로에 연연하지 않고 거기에 머물지 않는 이가 오히려 사람들의 마음에 더 오래도록 남습니다.

주님도 거두는 자의 보람보다 심는 자의 기쁨이 더 크다고 가르치셨습니다.

그것은 나 홀로의 기쁨이 아니라 더불어의 기쁨이어서 그렇습니다.

뿌리는 자와 거두는 자가 함께 기뻐하는 행복, 내가 뿌리는 것을 남이 거두며 기뻐하는 것에 참여한다는 것은 실로 삶의 큰 환희가 아닐 수 없습니다.

거기에는 단순히 심고 거두는 그 자체보다도 너를 만나는 기쁨이 있기 때문입니다.

또한 그것은 지금의 내 삶도 실은 내가 심어서 거둔 게 아니라는 자각이며, 나 또한 받은 자로서의 감격과 기쁨 때문에 다시 심는 것입니다.

그러면서도 결코 거두는 것을 목표로 삼거나 권리로 생각하지 않습니다.

나도 거저 받았기 때문이기도 하지만 심는 일에서 이미 거두는 자의 기쁨을 함께 누리고 있기 때문입니다.

나는 당신이 심은 것을 거두고
당신은 내가 심은 것을 거두고!

여기에 바로 보람과 기쁨에 찬 상생의 원리가 있습니다.
그러나 현실은 정반대입니다.
내가 심은 것이니 나와 내 자식이 거두겠다는 것은 당연지사
고, 문제는 너 심은 것까지도 내가 거두되 수백 배, 수천 배까지
도 수확하겠다는 데서 지금 우리의 삶의 자리와 교회 현장이 극
도로 황폐화되고 있습니다.

이제 목회자도 더럽게 늙지 않기 위해 〈공성이불거〉를 염불
처럼 외며 살아야 할 때가 온 것 같습니다.

장미 가시만큼이나 아픈...

일본이 패망한 후 조선반도는 38선을 기점으로 두 동강 나 남은 미군이, 북은 소련군이 점령합니다.

해방 이듬해 6월, 어느 한 부부가 북쪽에서 38선의 목책을 넘어 남으로 내려오려다 그만 소련군에게 잡히고 말았습니다.
소련군은 아내만 데려가고 남편은 총으로 위협해 쫓아버렸습니다.
남편은 오직 살아야겠다는 일념으로 정신없이 달아나다 순간 아내가 걸려 발길을 멈췄습니다.

돌아가 아내를 구해야 한다!

그러나 발걸음이 떨어지지 않아 그 자리에 그냥 털썩 주저앉는데 숲 저편에서는 잠시 아내의 비명소리가 들리는가 싶더니 이내 잠잠해지고 말았습니다.

두려움에 사로잡혀 덜덜 떨고 있는 남편의 머릿속은 몹시 복잡했습니다.

그래, 무슨 일이 있어도 살아만 다오!
아니, 차라리 죽어라!
불쌍하다!
더럽다!

온갖 상념이 다 머리를 스치고 지나가는데 얼마나 시간이 흘렀을까 온통 옷이 찢기고 흙투성이, 피투성이가 된 아내가 저 멀리서 흐느적거리며 유령처럼 남편의 시야에 들어왔습니다.

남편이 뛰어가 실성한 듯 제정신이 아닌 아내를 끌어안고 목 놓아 웁니다.

그렇게 간신히 목숨을 부지해 남쪽으로 내려온 부부는 청계천에 움막을 치고 조금씩 안정을 찾는 가 했는데 그것도 잠시 어느 날부턴가 남편이 아내를 고문하기 시작했습니다.

술만 마셨다 하면 언제나 똑같은 소리로 아내를 추궁했고, 아내는 벙어리라도 된 양 아무런 말이 없었습니다.

몸을 버렸어? 아니야? 어서 대답해봐!

날이면 날마다 밤이면 밤마다 그렇게 아내를 못살게 굴었습니다.

차라리 죽어버리지. 강간을 당해?

소련 놈은 죽은 시체도 강간한다디? 세 놈 다 했어?

에구, 더럽다. 퉤! 퉤!

해가 바뀌고 봄이 지나고 6월이 되자 남편의 닦달질은 더 심해졌고, 아내는 결국 그 달을 넘기지 못하고 스스로 목숨을 끊고 말았습니다.

월남 작가가 쓴 〈어떤 強姦〉이라는 단편을 기억나는 대로 옮겨봤습니다.

지금 전쟁 중인 우크라이나에서도 이와 똑같은 비극이 벌어지고 있습니다.

얼마 전 우크라이나의 젤렌스키 대통령은 유엔 안보리 회의에서 화상 연설을 통해 〈그들은 여성들을 자녀들의 눈앞에서 강간한 뒤 그 자리에서 무참하게 살해하고 있다〉며 러시아군을 규탄했고, 여과 없이 공개된 몇 편의 끔찍한 증거 영상들을 보며 안보리 이사국 외교관들도 경악을 금치 못했습니다.

또 지난 달 폐막한 칸 영화제에서도 〈우리를 강간하지 말라〉(STOP RAPING US)는 러시아군 성범죄에 대한 기습 시위가 있었습니다.

예레미야 시대 이스라엘도 이렇게 호소했습니다.

주님, 우리가 겪는 일들을 기억해주십시오.

우리가 받는 이 치욕을 살펴주십시오.

시온에서는 여인들이 강간을 당하고,

유다 성읍들에서는 처녀들이 강간을 당합니다.

주 하나님 어찌하여 우리를 이렇게 내버려 두십니까?

우리에게서 언제까지 진노를 풀지 않으시렵니까?(애 5장)

6.25가 생각나 우크라이나의 비극이 더욱 안타까운 6월입니다.

이전투구(泥田鬪狗)

子曰 君子無所爭 必也射乎 揖讓而升 下而飮 其爭也君子
자왈 군자무소쟁 필야사호 읍양이승 하이음 기쟁야군자

공자 말씀하되
군자는 다투지 않는다.
피치 못할 다툼이 있다면 그것은 곧 활겨루기 뿐이다.
활쏘기를 할 때면 두 손을 모아 절하고 서로 양보하며
사대를 오르내리고
진 사람은 이긴 사람이 권하는 술을 받아 마신다.
그런 다툼이야 말로 군자다워라!(논어 팔일 7장)

공자는 춘추시대 사람입니다.

때는 백여 개의 나라가 저마다 영토를 넓히기 위해 전쟁을 일
삼던 극도로 불안정한 전국시대, 그럼에도 공자는 혹 다툼을 벌
이더라도 끝까지 〈군자〉의 예를 다하라고 했습니다.

이처럼 공자가 가르친 〈군자도〉에는 상대를 존중하고 배려하는 〈인〉(仁)의 정신이 있었습니다.

그러나 막상 나라를 통치하는 권력가들은 그의 이런 가르침을 받아들이지 않았습니다.

무려 14년 동안이나 천하를 주유하며 〈도덕 정치〉, 〈윤리 정치〉를 설파했지만 누구도 그의 말을 귀담아 들으려 하지 않았습니다.

권모술수에 능한 자들만이 권력을 누리고, 등을 보이면 여지 없이 누군가가 내 등에 칼을 꽂는 약육강식의 시대요, 약자들은 눈치를 보며 여기저기 줄을 서야 그나마 살아남을 수 있었던 비루한 시절이었기에 공자처럼 〈인의〉를 말하는 군자보다는 〈손자 병법〉을 쓴 〈손무〉 같은 전략가나 교활한 책사가 훨씬 더 각광을 받고 출세를 할 수 있었던 세상 이었습니다.

그렇다면 공자로부터 2,500년이 지난 이 시대는 어떻습니까?

〈진흙탕 개싸움〉이란 뜻의 〈이전투구〉라는 말이 지금 이 나라에서 벌어지고 있는 20대 대선전이 아닐까 싶을 만큼 온통 아수라장입니다.

오죽하면 미국의 〈워싱턴포스트〉가 〈역대 최악의 선거〉라고 혹평한데 이어 영국의 〈더 타임스〉까지 〈한국 역사상 가장 역겨운(most distasteful) 선거〉라고 보도했겠습니까?

어디에도 나라를 이끌 큰 그릇은 안 보이고 오로지 상대방의 약점과 신상 털기에 혈안인 쫌생이들 뿐입니다.

국민들은 다 코로나에 지쳐 하루하루가 벅차고 힘든데 대권 주자들은 날마다 징글징글한 멱살잡이 막장극으로 시간을 다 허비하고 있습니다.

비전은 눈 닦고 봐도 없고 아무런 대책도 없는 퍼주기 선심 공약만 쏟아내고 있습니다.

〈페어 플레이〉라는 말이 있습니다.

공자의 〈군자도〉처럼 운동 경기나 혹은 이해관계의 충돌이 불가피할 때 누구나 반드시 지켜야 할 신사도입니다. 그러나 우리는 예나 지금이나 싸움의 양상이 너무도 부끄럽고 추악합니다.

특히 정치판의 싸움은 저 거리의 난투극과 조금도 다르지 않습니다.

아무런 룰도, 원칙도, 염치도 없는 엽기적 치킨 게임이고, 너 죽고 나 살자는 오징어 게임입니다. 무조건 이기면 그만이고, 오로지 꿩 잡는 게 매일 뿐입니다.

진 쪽도 마찬가집니다.

절대 승복하는 법이 없고, 두고두고 보복하며 끝까지 발목을 잡습니다.

유럽 사람들은 거의 거리에서 싸우는 경우가 드물지만 그래도 저는 그곳에서 10여 년을 살며 몇 차례 본 적이 있습니다.

그 사람들은 역시 권투식입니다.

먼저 웃옷을 벗고 몇 차례 주먹이 오가다 한 쪽이 쓰러지면 반드시 상대가 다시 일어날 때까지 기다렸다가 계속 하지, 쓰러진 사람을 덮치거나 또 한 쪽이 더 이상 싸울 의사가 없어 보이면 그것으로 끝나지 우리처럼 가는 사람을 붙잡고 늘어진다거나 무지막지한 언어폭력으로 상대를 모욕하고 저주하지는 않습니다.

헐리우드의 서부 활극도 보십시오.

보안관은 물론이지만 악당들조차 절대 등 뒤에서 총질하는 법은 없습니다. 저는 그게 과거 그들의 〈기사도〉 정신의 유산이라고 생각합니다.

오늘날의 펜싱 경기가 유래된 중세 유럽의 〈기사도〉 정신의 핵심은 〈명예롭고 예의 바른 행동〉이었고, 그들의 최대 덕목은 〈독실한 신앙, 겸손, 용맹, 사랑 그리고 여성과 과부, 고아들의 보호〉였습니다.

제발 우리 사회도 공자의 〈군자도〉나 프랑스의 〈기사도〉, 영국의 〈신사도〉 같은 페어 플레이 정신을 비웃지 않았으면 좋겠습니다.

놀랍게도 칼과 말이 생명이었던 10, 11 세기 기사들의 칼집과 말안장에 새긴 경구는 마태복음 26:52 말씀이었습니다.

네 칼을 칼집에 꽂으라. 칼을 쓰는 자는 칼로 망하느니라

마녀 사냥

잔 다르크는 프랑스 북부의 농촌 마을 〈동레미〉에서 한 소작농의 딸로 태어났는데, 16세가 되던 해 〈프랑스를 구하라〉는 천사의 계시를 받고 당시 한창이던 영국과의 백년 전쟁에 참전합니다.

그녀는 담대한 믿음으로 언제나 맨 앞에서 싸웠고, 또 가는 곳마다 승리를 거둬 일약 프랑스 군대의 영웅이 되지만 〈꽁피에뉴〉 전투에서 그만 적의 포로가 됩니다.

당시 영국군은 고민에 빠집니다.

그녀를 죽이면 프랑스 국민들의 큰 분노를 사 전쟁이 더욱 힘들어 질 수도 있고, 살려 보내면 프랑스 군대가 사기충천하여 전세가 되레 영국군에 더 불리해질 수도 있었기 때문입니다.

한편 프랑스 왕 샤를 7세와 귀족들은 잔 다르크의 용맹과 명성을 시기해 그녀의 구명을 위해 전혀 힘쓰지 않았습니다.

결국 영국은 그녀를 마녀로 몰아 종교재판에 회부합니다.

즉 사제들만이 받을 수 있는 계시를 어린 소녀가 받았다고 한 것은 곧 자신이 마녀임을 자백한 것이라며 1431년 노르망디 루앙 광장에서 화형에 처하는데, 그때 그녀의 나이는 19세였습니다.

14세기 후반부터 18세기 중반에 이르기까지 약 3, 4백 년간 유럽에서 마녀 사냥으로 처형된 여성의 숫자는 무려 50만 명이 넘었습니다.

일단 마녀로 낙인이 찍힌 사람은 아무리 자신이 마녀가 아니라고 부인해도 소용없었습니다. 끔찍한 고문이 가해졌고 보통은 그 고문에 못 이겨 자신이 마녀가 맞다고 시인함으로써 재판이 종료되는데 마지막 판결문에는 항상 아주 구체적인 죄목이 적시됩니다.

〈날씨를 어지럽혀 그해 농작물을 망친 죄, 가뭄이나 홍수를 부른 죄, 페스트 같은 감염병을 퍼뜨린 죄, 마을의 아무개 귀족의 아들을 병들게 하여 죽게 한 죄〉 등.

마녀 사냥은 처음부터 종교재판이 아니라 날조되고 기획된 정치 재판이었습니다.

종교적 기득권자들과 정치적 지배 계층이 그때그때 발생하는 사회적, 비극적 상황들을 수습하고 민심을 달래기 위해 자연재해로 흉년이 든 것도, 〈코로나19〉 같은 감염병 발생도, 심지어는 전쟁이나 대형 화재 같은 인재도 다 마녀의 짓이라며 힘없는 한 여성에게 사람들의 모든 분노와 불만을 쏟아 붓게 한 후 처형했던 유럽의 잔혹한 흑역사였습니다.

그렇다면 그런 〈마녀 사냥〉이 과연 중세에만 있었을까요?

어떤 특정인을 음해하며 집단적으로 괴롭히고 매장하는 현대판 마녀 사냥은 특히 유튜브나 온라인상의 정보 파급력이 강화된 요즘 훨씬 더 심각하고 위협적입니다.

지금도 SNS상에서는 하루가 멀다 하고 처절한 마녀 사냥이 벌어지고 있습니다. 익명성 뒤에 숨은 다수가 신상털이에서부터 온갖 무자비한 공격과 뭇매질로 한 개인을 완전히 매장하거나 파멸하는 일은 지금도 비일비재하게 발생하고 있습니다.

요한복음 8장에 보면 간음하는 여인을 그 현장에서 사냥해온 사람들이 주님께 묻습니다.

율법은 이런 여자를 돌로 치라 했는데
당신은 어떻게 말하겠는가?

주님은 〈너희 중 죄 없는 자가 먼저 치라〉 하시므로써 손에 손에 돌을 들고 흥분하던 군중들로부터 극적으로 그 여인을 구하셨습니다.

물론 〈가서 다시는 죄를 범하지 말라〉 하신 걸 보면 주님도 그 여인의 범죄 사실 자체를 부정하신 것은 아닙니다. 그럼에도 〈나도 너를 정죄하지 않겠다〉고 하셨습니다. 무슨 뜻일까요?

비록 죄 짓다 그 현장에서 잡혀 온 자라 해도 살아 있는 한 그에게도 여전히 내일이 있고, 희망이 있다는 뜻입니다.

살아 있는 한은 여전히 가능성의 존재라는 것입니다.

실제 어거스틴의 해석이나 가톨릭의 오랜 전통처럼 그녀가 정말 막달라 마리아였다면 생각해 보십시오. 비록 오늘은 간음하다 잡혀왔지만 내일은 다시 성녀로 거듭나지 않습니까?

오늘 돌에 맞아 죽을 뻔한 마녀가 내일은 부활하신 주님을 최초로 뵙고 그 사실을 제자들에게 전한 부활의 첫 증인이 되지 않습니까?

이렇듯 주님은 유대인들의 함정에 빠지지 않음으로써 마녀 사냥에 가담하지 않으셨을 뿐 아니라 잔인한 그들의 먹잇감이 된 여인을 구출하사 성녀가 되게 하셨습니다.

내년 대선을 앞두고 지금 우리 사회에는 〈마녀 사냥〉이 극성입니다. 집단 히스테리인 마녀 사냥은 나와 다르다는 이유로 무차별 사이버 공격을 가해 인격 살인을 하는 악성 범죄 행위입니다. 오늘도 수많은 사람들이 또 다른 신박한 마녀 사냥의 좌표를 찾아 온 세상을 헤매겠지만 우리 믿는 자들은 그들의 선동에 춤추지 않아야 합니다.

믿음의 사전에는 결코 〈마녀 사냥〉이 없음을 깊이 명심할 일입니다.

세치 혀

사람들은 흔히 누군가를 처음 만날 때 상대의 얼굴을 보고 판단하지만 저의 경우는 먼저 말본새를 보고 그 사람의 됨됨이를 가늠합니다.

그래서 말이 괜찮으면 일단 마음의 빗장이 풀리지만 말투가 거칠고 경박하면 경계하게 되고 쉽사리 마음을 열지 못하게 됩니다.

다시 정치 계절풍이 불기 시작했습니다.

내년 3월 대선을 앞두고 대권 도전을 선언한 여야 후보들의 현란한 혀의 향연이 막을 올린 것입니다.

그러나 내가 내뱉은 말들이 부메랑이 되어 언젠가는 내게로 다시 돌아온다는 사실을 우리는 이미 수많은 사례들을 통해 잘 봐왔습니다.

특히 정치하는 사람들은 자신이 한 말이 올무가 되어 곤경에 처하기도 하고 또 파멸하기도 합니다.

논어가 가르치는 〈군자〉란 곧 〈입을 잘 다스리는 자〉입니다. 〈군자〉의 〈군〉(君)은 다스릴 〈윤〉(尹) 밑에 입〈구〉(口)자가 놓여 있습니다. 이는 곧 세 치 혀를 잘 건사하면 유능한 정치 지도자가 되지만 혀를 잘못 놀리면 군자는커녕 한순간 소인으로 전락해 패가망신할 수도 있다는 뜻입니다.

〈품격〉(品格)이란 말도 그렇습니다. 〈품〉(品)은 입〈구〉(口)자 세 개를 포개 놓은 것입니다.

즉 누구나 자신의 입으로 내뱉는 말이 쌓여 마침내는 그 사람의 〈품격〉이 된다는 의미입니다.

성경의 가르침도 그와 다르지 않습니다.

야고보서는 〈혀는 곧 불이요 삶의 수레바퀴를 불사른다〉(3:6)고 했고, 〈혀에는 사람을 죽이는 독이 가득하다〉(3:8)고도 했습니다.

그런가 하면 잠언은 〈사람의 죽고 사는 것이 다 혀에 달렸다〉(18:21)고 했습니다.

박찬욱 감독의 영화 〈올드 보이〉는 아무런 영문도 모른 채 사설 감옥에 갇힌 오대수(최민식)와 그를 가둔 이우진(유지태) 사이에 벌어지는 처절한 복수극입니다.

그런데 오대수는 영화 마지막쯤에 가서야 비로소 자신이 왜 그토록 가혹한 형벌을 받게 됐는지를 깨닫게 되는데, 그것은 한마디로 〈세 치 혀의 죗값〉이었습니다.

결국 오대수는 자신에게 15년간의 독방형을 내린 이우진의

발 아래 엎드려 〈자기는 개보다 못한 인생〉이라며 스스로 자기의 혀를 자르는 엽기적인 반성을 합니다.

소설 〈몬테 크리스토 백작〉의 주인공 에드몽 당테스는 〈너를 찌르는 것은 칼이 아니라 너의 과거〉라고 했습니다. 지난 날 뱉은 내 말들과 행위가 언젠가는 다시 돌아와 내 자신을 찌르는 치명적인 칼끝이 된다는 뜻입니다.

따라서 정치하는 사람들이 가장 세심하게 관리해야 할 리스크는 바로 자신의 〈세치 혀〉입니다.

저는 가끔 밥을 씹다 혀를 깨뭅니다.

분명 잘 씹고 있었는데 뜬금없이 혀와 이빨의 협업이 얼그러지면서 혀는 혀대로 이는 이대로 놀다 결국 그런 일이 벌어지는데 그 때마다 몇 초 동안은 눈물이 핑 도는 아픔을 겪어야 합니다.

이렇듯 내 입 속의 세치 혀조차 내 맘대로 못하는데 하물며 나랏일이겠습니까?

대선판에 뛰어든 정치인들에게 충고합니다.

한순간의 말 재주나 혹세무민하는 궤변으로 국민들의 마음을 훔치려는 생각은 아예 마십시오. 한 방에 훅 가는 수가 있습니다.

이번에도 결국 누군가는 세치 혀 때문에 망할 것이고, 또 누군가는 혀 때문에 흥할 것입니다.

어리석은 말이나 남을 희롱하는 말이 마땅치 아니하니… 누구든지 헛된 말로 너희를 속이지 못하게 하라(엡 5:4,6).

포퓰리즘

온 천지에 봄꽃들이 활짝 만개했는데 보선을 앞둔 정치권에는 여야가 쏟아내는 포퓰리즘이 만발했습니다.

배 밑창을 뜯어내 선실을 데워주는 꼴인 포퓰리즘이 이 시대에도 여전히 먹히는 이유는 그걸 반기는 사람들이 반대하는 사람들보다 많기 때문입니다.

배가 기운다는데도 선거판에서는 언제나 포퓰리스트가 이깁니다. 어느 사회나 덜 가진 자가 더 가진 자보다 많기 때문이고, 더구나 우리는 아직도 〈공짜라면 양잿물도 먹는다〉는 정서가 강할 뿐 아니라 정치권도 여전히 〈먹은 놈은 찍는다〉는 등식을 절대 신봉하고 있기 때문입니다.

물론 아주 드문 경우지만 국민들이 포퓰리즘을 추방한 예도 없지는 않습니다.

몇 년 전 스위스가 기본소득 월 2,500 프랑(한화 3백만원) 지급안을 놓고 투표하여 전국민 76.9%의 반대로 부결시켰습니다.

이유는 단 하나 〈다음 세대에 짐을 지울 수 없다〉는 것이었습니다.

〈포퓰리즘〉(populism)이란 〈대중, 인민, 민중〉이라는 뜻의 라틴어 〈포풀루스〉(Populus)에서 온 말로 〈대중주의〉 혹은 〈인기영합주의〉 쯤으로 번역될 수 있지만 현실 속에서는 주로 선거 때 선심성 정책을 남발하며 돈을 뿌리는 매표행위를 가리킵니다.

포퓰리즘은 옳고 그른 것에는 관심이 없고 오직 다수 대중들이 무엇을 원하는가 만을 추구합니다. 무조건 인기를 얻는 데만 그 목적이 있습니다.

따라서 도덕성이나 가치 따위는 묻지도 따지지도 않고 대중가요처럼 그저 인기 차트 1위만 달성하면 그뿐입니다.

위기 때 돈을 푸른 것은 어쩔 수 없습니다. 그러나 그 방식이 문제입니다. 선진국들은 재정을 풀어 생산 부문에 힘이 실리게 하는 반면 지금 우리는 마치 공중에 돈을 뿌리듯 살포해 그냥 소비해 버리게 합니다. 그래서 포퓰리즘은 〈독이 든 꿀물〉입니다.

사이다나 아이스크림과도 같습니다. 그러나 사이다 좋아하다가는 이빨이 다 썩고 비만으로 생명이 위험할 수도 있습니다.

미 공립학교에서는 이미 오래 전부터 사이다와 콜라 같은 탄산음료를 퇴출했습니다.

우리는 톡 쏘고 짜릿한 사이다가 아니라 특별한 맛도 톡 쏘지도 않는 맹물을 마시고 삽니다. 시원하고 달콤하고 부드러운 아이스크림을 먹고 살지 않고 특별한 맛도 달콤하지도 않은 밥을 먹고 삽니다.

난세에는 포퓰리즘 만큼 위험한 것도 없습니다.

정치인들이 대중들의 지지와 표를 얻기 위해 나라가 망하건 말건 무차별로 포퓰리즘 정책을 남발해 국민들이 거기에 중독되면 다 폐인이 됩니다.

부모 세대는 살지만 자녀 세대는 죽습니다.

그게 바로 포퓰리즘의 비극이고 종말입니다.

놀랍게도 주님 역시 포퓰리즘의 희생양이셨습니다.

빌라도가 주님을 송사하는 무리들을 향해 〈나는 그에게서 아무런 죄도 찾지 못하였노라〉(요18:38)며 몇 차례나 무죄 선언을 하지만, 결국은 자신의 정치 생명을 위해 〈예수를 십자가에 못 박으라!〉(요19:15)는 군중들의 요구에 굴복하잖습니까?

그렇다면 포퓰리즘은 누가 어떻게 막을 수 있을까요?

세계 제1위의 산유국임에도 국민 다수가 거리의 쓰레기통을 뒤지고 있는 저 베네수엘라처럼 추락할 것인가, 스위스처럼 압도적인 거부로 포퓰리즘을 극복하고 비상할 것인가?

그것은 오롯이 권력의 심판자인 유권자의 몫입니다.

거짓말

지금 우리 사회의 색조가 온통 누리끼리 합니다.

봄이면 극성인 미세먼지 탓만은 아닙니다.

정치인들과 고위 공직자들이 배설하는 끊임없는 거짓말이 세상을 이렇게 우중충하고 답답하게 만들었습니다.

최근 김명수 대법원장이 〈톡 까놓고〉한 자신의 말을 안 했다고 딱 잡아떼다 상대 부장판사가 녹취 파일을 공개하면서 망신살이 뻗쳤습니다.

대한민국의 민주주의를 지키는 최후의 한 사람을 꼽는다면 그는 단연코 대법원장입니다.

한 나라의 대법원이야말로 민주주의와 법치 사회의 최후 보루이고 그 수장은 민주 사회의 마지막 수호자입니다.

헌법 103조입니다.

법관은 헌법과 법률에 의하여 그 양심에 따라
진실하게 심판한다.

법관에게 〈헌법과 법률〉은 곧 정의이며, 〈양심과 진실〉은 곧
생명줄에 다름 아닙니다.

그런 대법원장이 알고 보니 법의 〈명수〉가 아니라 거짓말의
〈명수〉였습니다. 〈김명수〉가 졸지에 〈거짓 명수〉로 자기 성을 갈
아치우고, 신성한 자신의 지위와 권위마저도 시궁창에 꼬라박았
습니다.

진실과 신뢰가 생명인 사법부 수장의 그 천연덕스런 거짓말
과 온통 어글리한 우리 사회의 꼬라지가 너무너무 마음을 무겁게
합니다.

그렇습니다.

악성인 〈새빨간 거짓말〉에서, 예를 들어 못 생긴 친구에게
〈넌 참 예쁜 구석이 있어!〉하는 선의의 〈하얀 거짓말〉까지 우리
는 늘 크고 작은 거짓말을 하며 삽니다.

범죄심리학의 세계적 석학인 폴 에크만(Paul Ekman) 교수는 사
람은 평균 8분마다 한 번씩 거짓말을 하고, 하루 평균 2백회 가
량의 거짓말을 한다고 했습니다(텔링라이즈).

〈오늘도 뇌는 거짓말을 한다〉의 저자인 알베르 무케베르도
〈거짓말은 인간의 숙명이자 원죄 DNA〉라고 했습니다.

성경도 〈모든 사람이 거짓말쟁이라〉(시 116:11)고 합니다.

누가 감히 그걸 부인할 수 있겠습니까?

그러나 그 거짓말 당사자가 한 나라 사법부의 수장이라면 얘기가 달라집니다.

판사는 거짓말을 심판하는 직업입니다.

하나의 사실을 두고 양측의 주장이 서로 다를 때 어느 한 쪽은 분명 거짓말을 하는 것이므로 증거를 요구하고 증언을 들어가며 냉정하게 거짓과 진실을 가려내는 사람입니다.

저는 앞으로 판사들이 사기, 무고, 위증 같은 거짓 죄로 재판받게 될 피고들을 과연 어떻게 심판할 수 있을까 걱정입니다.

피고가 〈불분명한 기억에 의존해 다르게 말한 것에 대해 송구하다〉고 한 김 대법원장의 말을 〈그대로〉 인용하며 면죄부로 삼는다면 판사는 과연 어떤 판결을 내려야 할까요?

십계명 중 제9계명이 〈거짓말하지 말라〉이고, 신약도 〈거짓을 버리고 각각 그 이웃과 더불어 참된 것을 말하라〉(엡 4:25)고 했습니다.

4세기 후반의 것으로 알려진 〈66가지 사순절 금기사항〉이라는 문서에 의하면 〈고기, 독주, 포도주, 맥주, 우유, 치즈, 소시지, 달걀... 연극, 춤, 오락, 연애소설, 화려한 옷, 과식, 기름진 음식, 단맛 나는 차와 빵, 호화생활, 늦잠자기, 성교, 큰소리, 남 흉보기〉와 함께 〈거짓말〉도 있습니다.

부디 사순절 기간만이라도 거짓말을 자제하고 진실을 말하는 일에 더 용감 합시다.

　요즘 〈거짓 명수〉인 김 대법원장에게는 얼굴은 다 가리고 눈
만 빼꼼히 내놓는 마스크가 가장 고마울듯해 괜히 서글픈 생각마
저 듭니다.

노블레스 오블리주

    지난 달 추미애 법무부 장관의 아들 군복무 특혜 시비로 여야가 한창 논란을 벌이고 있을 때 벨기에 왕위 계승 서열 1위인 18세의 엘리자베스 공주가 올해 고등학교를 졸업하고 군에 입대하여 군사훈련을 받는 사진이 보도돼 세계적인 반향을 일으켰습니다.

    공주는 전혀 특별대우를 받지 않고 다른 훈련병들과 똑같이 진흙탕을 기며 포복을 하고, 철조망 장애물 넘기며 외줄타기 도강, 사격훈련까지 다 받았습니다.

    툭하면 논란을 빚는 우리 사회 지도자 자녀들의 특혜 시비와 반칙을 생각하면 신선하다 못해 몹시 부러운 뉴스가 아닐 수 없었습니다.

    지난 달 초 강경화 외교부 장관의 남편이라는 사람이 외교부의 해외여행 자제권고도 무시하고, 단군 이래 최초로 추석 귀성까지도 포기한 채 집안에 갇혀 지내는 절대 다수 국민들의 처지를 비웃기라도 하듯 12만 달러짜리 요트를 구입해 미국 동부 해안에서 카리브해까지 여행할 계획이라며 출국을 강행했습니다.

출국장에서 〈공직자 가족으로서 부담이 되지 않느냐?〉는 기자의 질문에 이일병 왈 〈다 내 삶을 사는 건데 다른 사람이 어떻게 보건 그게 뭐 그리 중요하냐?〉고 했고, 여당은 강 장관 자신이 아닌 배우자일 뿐 아니라 남의 사생활을 침해한 언론의 부적절한 취재가 더 문제라며 반격했습니다.

지위가 높고 부와 권력을 많이 가진 사람일수록 사회적, 도덕적 책무에 더 충실하고 솔선해야 한다는 서구의 오랜 전통을 우리는 〈노블레스 오블리주〉(Noblesse Oblige)라고 합니다.

이 덕목의 기원은 영국과 프랑스 간의 백년전쟁(1337-1453)으로까지 거슬러 올라갑니다.

영국 왕 에드워드 3세가 도버해협에 인접한 소도시 〈깔레〉(Calais)를 포위하고 1년 가까이 공격을 퍼부었습니다. 결국 깔레는 식량이 바닥나고 지원군이 끊기면서 1347년 항복을 선언합니다. 에드워드 3세는 깔레의 항복을 접수하며, 〈그러나 누군가는 그동안 영국군에 입힌 피해를 책임져야 한다〉며 교수형에 처할 6명의 시민을 깔레가 스스로 선정하라고 요구합니다.

시청 앞 광장에 모인 깔레 시민들이 깊은 고뇌에 빠져 모두가 할 말을 잃고 있을 때 놀랍게도 당시 깔레의 최고의 부호로 알려진 〈외스타슈 드 생 피에르〉가 가장 먼저 자원하고 나섰습니다.

그러자 시장인 〈장데르〉, 법관인 〈피에르 드 위쌍〉과 그의 아들, 그리고 또 다른 시의원 두 사람이 나서 희생제물 6명을 모두 채 웠습니다.

처형 당일 6명의 교수형 자원자들이 자신이 달릴 밧줄을 목 에 건 채로 형장에 그 모습을 드러냈습니다.

그런데 형을 집행하려는 그 마지막 순간 기적과도 같은 일이 벌어졌습니다.

왕의 형 집행 정지 특명이 내려져 그들 모두가 극적으로 죽음 을 면하게 된 것입니다.

우선은 영국 왕 에드워드 3세가 그 교수형 자원자들의 면면 을 보고 받고 그들의 희생정신과 책임의식에 감복했고, 다음은 왕비였던 〈필리파〉(Philippa of Hainault)가 만약 지금 저들을 처형하 면 자신이 임신한 아기에게 어떤 화가 미칠지도 모른다며 왕에게 간곡히 선처를 호소했기 때문이었습니다.

바로 그 유명한 역사적 사건에서 〈노블레스 오블리주〉란 말 이 유래된 것입니다.

〈노블레스〉란 닭 벼슬, 〈오블리주〉란 달걀의 노른자를 가리 키는데 이 두 단어가 합성되어 〈닭의 사명은 자신의 벼슬을 과시 하는 데 있지 않고 알을 낳는 데 있다〉는 뜻으로 한 사회의 지도 층은 남의 존경과 대접을 받고 명예를 누리는 만큼(노블레스) 반드 시 남다른 도덕적 책임(오블리주)을 져야 한다는 것입니다.

이처럼 서구 사회의 오랜 전통은 가진 자, 지도층이 더 많이, 더 엄격하게 책임을 지는 〈노블레스 오블리주〉입니다.

그러나 우리 사회는 아직도 많이 가진 자나 지도층, 권력가일수록 더 이기적이고 더 무책임하고 더 초법적, 특권적, 반칙적이라는 데 다수 보통 사람들의 심한 좌절과 절망이 있습니다.

어느덧 찬바람 부는 11월, 〈노블레스 오블리주〉의 영원한 모범이신 주님을 생각하며 올 연말에도 나보다 더 힘든 이웃들에 대한 사회적 책임을 다합시다.

악마의 덫

〈조국〉이 우리 사회의 〈38선〉이 됐습니다.

남북이 38선에 철책을 치고 오랜 세월 대치해 왔듯 최근 조국을 가운데 두고 대한민국이 좌우로 갈라져 그 어떤 타협도 배려도 없이 서로를 공격하고 증오하며 그야말로 〈너 죽고 나 죽자〉는 식의 내전을 벌이고 있습니다.

한 고위관료의 도덕성과 인품에 진영논리가 덧씌워지면서 졸지에 프레임 싸움으로 비화되더니 급기야는 대한민국 전체를 완벽하게 둘로 쪼개버렸습니다.

지금 우리는 상식과 도덕과 경제와 법마저도 온통 진영 논리가 지배하는 희한한 시대를 살고 있습니다.

홧병 난 사람, 이민 가겠다는 사람들이 공공연하고, 부부가 서로 싸우는가 하면 자식과 부모가 등지고, 멀쩡하던 친구지간도, 각 급 학교 동창들조차도 모조리 진영 싸움에 휘말려 서로 대결하는 형국입니다.

이대로라면 당장 내년 4월 총선이 정상적으로 치러질 수 있을지가 의문입니다.

전대미문의 파행이 연출될 수도 있고, 온 국민들이 홍해가 갈라지듯 좌우로 갈라져 다시 한 번 서초동과 광화문 시위를 재현할 수도 있습니다.

어쩌다 이렇게 됐을까요?

진영 논리의 함정, 프레임의 덫에 걸린 탓입니다.

양 진영에 갇힌 사람들은 더 이상 옳고 그름이 의미가 없습니다. 오로지 내가 속한 진영은 〈선〉이고, 상대 진영은 무조건 〈악〉일 뿐입니다.

또 우군 진영에 속한 사람이면 그가 어떤 짓을 하고, 어떤 흠결을 가졌건 다 용납되고 합리화되는 반면 상대 진영에 속한 사람이면 그가 아무리 도덕적으로 윤리적으로 무흠하다 해도 반드시 때려잡아야 할 마녀사냥 감입니다.

〈진영 논리〉의 덫에 걸린 사람들은 마치 사이비 이단에 빠진 사람들과 꼭 같습니다.

그들은 누가 들어도 황당하고 터무니없는 거짓임에도 그걸 절대적 진리로 믿고, 교주가 파렴치한 범죄로 감옥을 가도 한결같이 그를 신봉합니다.

보수와 진보 이데올로기에 갇힌 사람들도 그와 꼭 같은 맹목적 광신도에 다름 아닙니다.

사물이나 사건이나 현실을 해석하고 판단하는 잣대가 〈진영 논리〉 외에는 아무것도 없고, 오직 그것만이 모든 가치의 절대적 척도입니다.

　우리 사회를 압도하는 이런 진영 논리가 최근에는 교계와 개교회에서도 그대로 드러나고 있습니다.
　지금 한국 교회들이 모조리 둘로 나뉘고 있습니다.
　어떤 교회는 보다 노골적으로, 또 어떤 교회는 암암리에 나눠져 끼리끼리 교감하며 은밀하게 세 대결을 벌이고 있습니다.

　독일의 동화작가 〈그림〉(Grimm) 형제가 쓴 〈브레멘 음악대〉가 있습니다.
　농장에서 학대당하다 쫓겨난 당나귀, 개, 고양이 그리고 수탉이 독일 북부의 오랜 도시 브레멘으로 떠납니다.
　그곳에 있는 음악대에 들어가기로 한 겁니다.
　가는 도중 어느 숲속의 불 켜진 집에서 훔쳐 온 금화를 나누고 있는 도둑떼를 만나는데 당나귀는 뒷발로 걷어차고, 개는 다리를 물고, 고양이는 얼굴을 할퀴고, 수탉은 요란하게 울어대며 결국 그 도둑들을 퇴치합니다. 그리고 지혜와 힘을 모아 차지한 그 도둑들의 아지트에서 마음껏 악기를 연주하며 행복하게 살았다는 얘긴데, 그들의 그 합창이야말로 역사의 새로운 장을 연 통합의 진정한 메시지였습니다.

사실 당나귀와 개는 서로 친한 관계가 아니며 개와 고양이도 앙숙에 가깝고 고양이와 수탉도 원래 정서로는 적대적입니다.

　그럼에도 그들은 각자의 소리로 하모니를 이뤄냈고 또 그 과정에서 도둑까지 물리쳤습니다. 우리 사회도 당나귀, 개, 고양이, 수탉 같은 다양한 사람들이 뜻을 모아 합창하는 〈브레멘 음악대〉가 되어야 합니다.

　오래 전 독일 국민들의 지혜가 〈브레멘 음악대〉를 만들었다면 우리는 이제 이 시대의 전설을 만들어내야 합니다.

　저는 아직도 늦었다고는 생각지 않습니다.

　부디 〈브레멘 음악대〉의 하모니와 통합의 지혜가 악마의 덫인 진영 논리의 함정에 빠진 이 나라를 구해내는데 소중한 영감이 되길 진심으로 빌어 봅니다.

한글날 라틴어를 생각하다

베니, 비디, 비치!(veni, vidi, vici!)

이것은 로마의 유명한 장군이자 정치인이었던 율리우스 카이사르가 주전 47년 소아시아를 점령하고 로마 시민과 원로원에 보낸 승전보로 〈왔노라, 보았노라, 이겼노라!〉는 뜻입니다.

이때부터 로마는 거대한 제국이 되어 지중해 일대를 평정하며 로마 천하를 뜻하는 이른바 〈팍스 로마나〉(Pax Romana)를 구축합니다.

고대 로마제국의 언어였던 라틴어는 로마가 서방세계를 지배하는 동안 곧 국제적인 소통과 학문의 언어로 널리 통용되면서 근세까지도 유럽 각국의 공용어로 사용되었으며 따라서 모든 저술과 기록물들은 다 이 라틴어로 이루어져 왔습니다.

성경도 원래는 히브리어(구약)와 헬라어(신약)로 기록되었으나

4세기 말부터는 오직 라틴어로만 번역되고, 또 복제되어 중세 1천 년 동안은 어느 교회나 라틴어 성경 밖에는 없었습니다.

종교개혁 이후부터 독일어와 영어 등의 언어로 번역되기 시작한 겁니다.

유럽의 유수한 대학들은 1900년까지도 학위논문을 다 라틴어로 썼습니다.

따라서 지금도 서유럽의 고전이나 역사적 기록물들을 연구하기 위해서는 라틴어가 필수입니다. 우리나라에서 한자를 교육하듯 유럽 각국에서는 지금도 인문계 고등학교에서 라틴어를 정규 과정으로 가르치고 있습니다.

유럽대학들의 오랜 라틴어 전통 영향으로 우리나라 대학들의 학훈도 대부분 라틴어로 되어 있습니다.

Veritas Lux Mea(진리는 나의 빛) – 서울대학교

Liberta, Justitia, Veritas(자유, 정의, 진리) – 고려대학교

오늘날 라틴어를 국어로 사용하는 나라는 없습니다.

그러나 라틴어는 500년간 로마제국의 언어였고, 그 후에는 무려 1천년(A.D. 600년-1500년)동안 기독교의 유일한 공식 언어였으며 지금 사용되고 있는 서구의 언어들 가운데서 소위 라틴 민족의 언어들 이탈리아어, 프랑스어, 스페인어, 포르투갈어, 루마니아어 등은 다 라틴어를 조금씩 변형한 것에 지나지 않으며, 비

교적 라틴어와는 거리가 있다는 게르만계의 독일어와 앵글로 색슨계의 영어조차도 그 어휘 중 40-50%의 뿌리가 다 라틴어에 있다고 하니 라틴어가 서구 문화와 정신에 미친 영향은 짐작이 가고도 남습니다.

그것은 현대 서구 국가들이 다 중세 1천 년을 지배해 온 기독교 세계에서 분가하여 나왔기 때문입니다.

최초로 성경을 라틴어에서 해방시킨 루터조차도 자신의 종교개혁의 모토를 라틴어로 설정했습니다. 〈Sola Fide〉(솔라 피데)-오직 믿음, 〈Sola Scriptura〉(솔라 스크립투라)-오직 말씀, 〈Sola Gratia〉(솔라 그라티아)-오직 은혜.

지난주 한글날에도 광화문의 세종대왕 앞에 수많은 시민들이 모여 시위를 벌이며 구호를 외쳤습니다.

우리나라 헌법 제1조 1항에 나오는 〈공화국〉이란 영어의 〈리퍼블릭〉(republic)으로 이는 라틴어 〈레스 푸블리카〉(res publica)에서 온 것이고, 그 뜻은 〈공적인 것, 공공의 이익〉이라는 말입니다.

다시 말해 공공의 이익 추구를 최고의 가치로 여기는 정치체제요 시민, 국민의 이익과 권리를 위해 헌신하는 나라가 바로 〈공화국〉인 대한민국이라는 것입니다.

그런데 우리 사회는 아직도 특정 개인이나 특정 집단, 특정 계층이 불법, 편법, 반칙으로 모든 이익과 권한과 특권을 독점하고 있다는 게 다수 국민들의 피해의식이자 패배의식입니다.

제발 좋은 말만 차용해 쓸게 아니라 그 뜻이나 정신까지도 잘 구현해 더는 화난 국민들이 거리로 몰려나가지 않아도 되는 제대로 된 〈민주 공화국〉이 이루어지길 진심으로 기원해 봅니다.

이분법

사전에서 〈이분법〉을 찾아보면 〈어떤 대상을 둘로 나누는 논리적 방식〉이라고 합니다.

이를테면 선과 악, 빛과 어둠, 물질과 정신, 생물과 무생물, 동물과 식물, 남성과 여성 등 그 특정 성질이나 속성이 서로 반대되는 집합을 칼처럼 구분해 서로 대조하고 대비시킴으로써 대척점에 선 상대집합을 보다 선명하게 이해하도록 돕는 방법이라는 것입니다.

따라서 이것은 처음부터 모순율에 근거한 분류법이기 때문에 철저하게 배타적이고 끊임없이 상대를 배제하려는 속성을 가집니다.

인지 심리학자인 아론 백(A. Beck)은 이 이분법을 〈동일한 경험을 상호 배타적인 범주로 평가하려는 경향으로 양분된 범주 사이에 중간 범주가 존재하지 않으므로 대상을 극단적으로 해석하고 평가하려는 사고체계〉라고 했습니다.

이게 바로 〈흑백논리〉입니다.

〈흑백논리〉란 모든 것을 〈흑〉 아니면 〈백〉, 〈선〉 아니면 〈악〉, 〈득〉 아니면 〈실〉로 규정하는 이분법적 잣대를 말합니다. 거기엔 극단의 양대 진영 외에 더 이상 완충지대가 없습니다.

그러나 개인이나 집단의 다양한 정체성을 무시하고 모든 대상을 오로지 두 가지 카테고리로만 나누려는 발상은 그 자체가 이미 폭력일 뿐 아니라, 실제 과거 독재 정권들은 자신들의 권력 유지를 위해 이 논리를 가장 유용한 수단으로 활용해 온 것도 사실입니다.

요즘 대한민국이 때 아닌 〈이분법 천국〉, 〈흑백 공화국〉이 되어 온 국민들이 양대 진영 앞에 길게 줄서기를 하고 있습니다.

〈친북〉 〈종북〉이니 하는 말도 이미 피로하고 충분히 식상한데 새삼 〈친일〉, 〈매국〉, 〈토착왜구〉란 또 뭡니까?

그게 대체 언제적 얘깁니까?

임진왜란, 왜정시대 때나 썼음직한 말들이 왜 이 21C 대명천지에 횡행합니까? 이 시대에 〈매국〉이 어디 있고, 〈친일〉이며 〈왜구〉가 어디 있습니까?

과장과 허풍과 선동도 유만 분수지 그런 케케묵어빠진 구닥다리 언어들을 무한방출하며 편 가르기와 줄 세우기에 혈안인 이유가 뭡니까?

우리 사회를 오로지 〈흑〉 아니면 〈백〉이라는 대결구도로 진

영화하여 이익을 보겠다는 자들의 불순한 동기가 아니라면, 〈나누어서 지배하라!〉는 옛 로마 제국의 통치철학을 신봉하는 권력가들의 고의적인 음모와 공작일 가능성이 큽니다.

어떻게 〈흑백〉만 입니까?
〈흑〉과 〈백〉 사이에 얼마나 많은 색깔이 존재합니까?

그렇습니다.
기독교적 사고에도 이분법적 요소가 강한 게 사실입니다.
천국과 지옥, 영혼과 육신, 천사와 마귀처럼 기독교 역시 무엇이든 이분법적으로 도식화하려는 경향이 있습니다.
그럼에도 그것은 기독교 본연의 헤브라이즘적(구약성경) 전통은 아닙니다.
후에 기독교가 헬레니즘과 만나면서 희랍적 이원론의 영향을 받은 비본래적 표상들일 뿐입니다.
헤브라이즘은 오히려 유일신 사상에서 비롯된 일원론을 추구하며 통전적인 세계관과 인간론을 가르칠 뿐입니다.
주님도 안식일을 파괴하심으로써 안식일과 평일을 구분하려는 이원론적 관념을 도발하셨고, 〈예루살렘 성전을 허물어 버리라〉고 말씀하심으로써 성소와 세상을 이분법적으로 구분하려는 발상을 비판하시며 온 세상을 다 거룩하게 하라고 촉구하셨습니다.

제발 다른 사람이 울리는 변죽에 깨춤 추거나 들러리 서지 마십시오.

〈애국주의〉마저도 정치꾼들의 빛바랜 통치 이데올로기일 뿐인 시대에 하물며 〈왜구〉니 〈매국〉이니 하는 진부한 〈이분법〉이겠습니까?

지금은 모두가 하나 되어 이 엄혹한 제2의 IMF와 맞설 때입니다.

날은 저물고 배는 흔들리는데

세밑 풍경이 을씨년스럽습니다.

찬바람 부는 겨울, 어느새 한 해의 끝자락에 서 있습니다.

사실 시간은 단 한 번도 우리에게 빈틈을 보인 적이 없습니다. 언제나 어김없이 육박해 들어오는 까닭에 우리는 때로 그것을 마치 기습이나 당한 듯 〈어느새〉라고 표현할 뿐입니다.

〈어느새〉란 우리의 무방비를 폭로하는 말이지 시간의 도발을 이르는 말은 아닙니다. 제게는 요즘 〈세월이 쏜 살 같다〉는 말이 전혀 과장처럼 들리지 않습니다.

세월의 속도가 나이에 비례한다는 말도 무한 공감입니다.

비록 날이 저물고 배가 흔들릴지라도 올 역시 우리는 힘껏 노저어 저 바다 건너편까지 가야합니다.

주님은 어느 날 늦은 시간 제자들에게 〈바다 저편으로 건너가자〉(막 4:35)고 하셨습니다.

그리고 결국 사단이 났습니다.

밤바다 한가운데서 거센 바람과 높은 파도를 만난 것입니다.

순식간에 바닷물이 덮쳐 배가 가라앉게 된 경각의 위기, 그 와중에도 주님은 배 고물에서 주무시고 계셨습니다.

당황한 제자들이 주님께 달려가 힐난하듯 도움을 청합니다.

주여, 우리가 죽게 됐는데 돌아보지 아니하시고
어찌 주무시기만 하십니까?

그제서야 깨어나신 주님이 〈잠잠하라 고요하라!〉고 바다와 바람을 꾸짖으시며 풍랑을 제압하셨습니다.

그러고 나서는 제자들도 나무라셨습니다.

어찌하여 두려워하느냐 너희가 어찌 믿음이 없느냐?

그렇습니다.

언제나 〈두려움〉이 문제입니다.

두려움이 바로 우리의 믿음을 꺾는 적이요, 소망의 불을 끄는 바람이자 우리의 운명의 배를 침몰시키는 파도며 기도의 능력을 가로막는 칠흑 같은 밤바다입니다.

두렵다는 것은 결국 내 배에 함께 타고 계신 주님을 신뢰하지 못한다는 불신앙의 소치 아닙니까? 그래서 주님이 〈어찌 믿음이 없느냐?〉며 호되게 책망하신 겁니다.

큰 위기 앞에서도 우왕좌왕하지 않는 담대함, 거친 풍랑에도 노 젓는 힘이 약해지지 않도록 격려하는 리더십, 사람의 힘으로서는 더 이상 어쩌지 못할 때 그 모든 문제를 주님께 맡기는 결단, 이게 바로 험한 바다를 건너기 위해 뱃길에 나선 사람들에게 꼭 필요한 믿음이라는 것입니다.

지금 우리 사회는 밤바다 한복판에서 거친 풍랑을 만난 조각배 형국입니다. 많은 사람들이 앞날, 아니 당장 코앞에 닥친 새해의 이런저런 불확실성에 몹시 두려워하며 떨고 있습니다.

그럼에도 우리 믿는 사람들은 용기를 가져야 하고 믿음의 담력을 잃지 말아야 합니다. 큰 확신으로 세상을 향해 〈잠잠하라 고요하라!〉고 외쳐야 합니다.

그러면 비록 날이 저물고 배가 흔들릴지라도 제자들처럼 무사히 〈바다 저편〉에 가 닿게 될 것입니다.

그렇잖아도 다들 마음이 시린데 요 며칠 새 갑작스러운 대설 한파로 사람들이 더욱 어깨를 움츠린 채 종종 걸음을 치고 있습니다.

애써 마음의 여유를 가집시다.

사랑으로 가슴을 훈훈하게 데웁시다.

이제는 거리에서 캐롤도 사라져 세밑 풍경이 더 삭막해졌지만 그래도 따뜻한 마음으로 주님의 성탄을 기다립시다.

쑥과 마늘

이육사의 시 〈광야〉는 태고의 바람소리처럼 이렇게 시작합니다.

까마득한 날에
하늘이 처음 열리고
어디 닭 우는 소리 들렸으랴

4351년 전 처음 한반도의 하늘이 열리던 날도 올 개천절처럼 그렇게 한없이 푸른빛이었을 것입니다.

우리의 선조들은 민족의 개국을 〈하늘이 열린 사건〉으로 받아들였습니다.

이는 고조선의 창건이 곧 〈하늘의 뜻〉이었음을 선포한 민족사적 자부심의 발로일 터.

13세기 고려의 승려였던 일연(一然)의 〈삼국유사〉에 나오는 단군설화는 참으로 많은 것을 이야기합니다. 역사적 사실 여부를 떠나 우리 민족의 정서와 정신세계, 세계관 등을 두루 함축하고 있어서 이 시대 우리들에게도 소중한 정신적, 문화적 자산이 됨은 두 말할 필요가 없습니다.

곰과 호랑이가 인간이 되기 위해 충족시켜야 했던 세 가지 조건은 오직 쑥과 마늘만 먹을 것, 굴속에서 지낼 것, 백일 동안 햇빛을 보지 않을 것 등이었습니다.

우선 짐승이 사람이 된다는 설정은 윤회적 세계관을 가진 불교사상과 관련이 있을 것이고, 곰과 호랑이의 대결에서 곰이 이겨 웅녀가 되었다는 것은 고대 모계사회의 문화인류학적 흔적을 말해 주는 것인 동시에 곰을 섬기던 토템족이 호랑이를 섬기던 토템족을 이기고 고조선 창건의 주체세력이 되었음을 밝히는 신화적 진술일 것입니다.

또한 곰이 굴속에서 오직 쑥과 마늘만 먹으며 백일을 지냈다는 것은 당시 고조선이 지향한 이념적 실체를 대변한 것일 수 있습니다. 즉 다른 종족이나 부족들과 피 흘리며 싸우기보다는 우주의 정기가 응집된 자연의 진액을 빨며 살고자 했던 순수 평화 공동체였다는 것입니다.

따라서 여기에는 밤중 으슥한 곳에 숨어 남의 생명을 노리는 호랑이 같은 성정의 폭력적 인간은 경멸한다는 속뜻도 담겨 있습니다.

쑥과 마늘은 고대로부터 영험한 약초로 널리 알려져 온 식물입니다.

그러므로 우리 민족의 뿌리인 고조선은 남과 싸워서 뭔가를 빼앗기보다 오직 자연의 내공만으로 살고자 했던 생명 공동체의 원조였다는 것입니다.

우리는 누구나 캄캄한 굴속에 들어가 자신의 고통과 정면으로 마주하는 시간 없이 〈사람〉이 될 수는 없습니다.

물론 호랑이처럼 그 순간을 견디지 못하고 굴 밖으로 뛰쳐나갈 수도 있지만 그 사람은 더 이상 고통의 연금술을 배울 수 없습니다.

부부도, 부모도, 연인도, 친구도 도와줄 수 없고 오롯이 나만이 홀로 고통 앞에 서서 동굴의 어둠을 온 몸으로 견뎌야 하는 인고의 시간, 그 처음 하늘이 열리고 환웅이 내려와 〈홍익인간, 이화세계〉를 시작한 백두산 신단수가 지금은 북한에 있을 뿐 아니라 언제부턴가는 그 절반이 아예 중국 영토로 편입되어 남의 땅이 되고 말았습니다.

고조선과 고구려와 발해의 영토였던 우리 민족의 원적지가 사연도 모른 채 남의 손에 넘어가 다른 나라 땅이 됐다니 생각할수록 통탄할 노릇입니다.

〈단군〉이란 본디 고대 북만주와 시베리아 지역에서 하늘의 뜻을 백성들에게 전달하던 제사장, 즉 〈탕구르〉에서 유래된 말이라는 게 학계의 정설입니다.

따라서 〈단군〉의 진정한 사명은 민족 공동체가 겪는 아픔을 하늘의 힘을 빌어 풀어주고 백성들 앞에 정신적인 좌표를 제시하는 데 있었으며, 개천절 또한 바로 그런 제사장의 출현과 〈하늘의 열림〉을 기뻐하며 벌이는 감사의 축제였던 것입니다.

　단촐한 옷차림에 아주 느린 기차를 타고 저 가을이 오는 길목을 향해 여행을 떠나고 싶습니다.
　유장하게 흐르는 강이며 정겨운 이 땅의 가을 풍경을 가득 가슴에 담고 싶습니다.
　아무리 힘들고 어려워도 쑥과 마늘만 있으면 백일 동안은 너끈히 살아남는 우리 민족의 산하를 그렇게 한 번 굽어보고 싶습니다.

치킨 게임

〈치킨 게임〉하면 여러분들은 퍼뜩 뭐가 생각나십니까?

〈이겼닭! 오늘 저녁은 치킨이닭!〉, 이런 카피가 떠오르십니까? 아니면 오늘 밤 0시 프랑스와 크로아티아가 벌일 월드컵 결승전을 보며 즐길 치맥?

그러나 〈치킨 게임〉은 바삭한 튀김옷을 입힌 프라이드치킨처럼 부드럽고 고소한 게임이 아니라 두 대의 자동차가 서로 마주보고 돌진하는 막장 게임이자 죽음의 게임입니다.

그래서 〈치킨 게임〉을 굳이 우리말로 번역한다면 〈끝장 승부〉쯤으로 옮길 수 있을 것입니다.

할리우드 영화의 전설이 된 제임스 딘 주연의 〈이유 없는 반항〉이 치킨 게임의 원조라 할 만 합니다.

주인공 짐(제임스 딘)과 버즈(깡패 두목)가 탄 두 대의 자동차가 절벽을 향해 나란히 질주하며 벌인 죽음의 게임이 전세계적인 반향을 불러일으키며 미국 젊은이들 사이에서 크게 유행했는데 1960년대 초 영국의 철학자 버트란트 러셀이 미국과 소련 사이에 벌어졌던 극단적인 군비 경쟁을 바로 그 〈치킨 게임〉에 빗대면서 비로소 국제 정치학 용어로 자리매김을 하게 된 것입니다.

서양에서는 닭을 가장 겁 많은 동물로 여깁니다.

제 모이를 주는 주인마저도 피해 달아난다하여 흔히 겁쟁이나 비겁쟁이를 〈치킨〉이란 말로 경멸합니다.

두 운전자가 서로를 향해 질주하면서 〈계속 돌진할 것인가 아니면 마지막 순간 핸들을 틀어 충돌을 피할 것인가〉를 결정하는 목숨을 담보로 한 막장 게임, 상대의 기세에 눌려 막판에 핸들을 꺾으면 게임에서 지게 돼 겁쟁이나 비겁자를 뜻하는 〈치킨〉이 되고, 끝까지 핸들을 틀지 않고 폭주한 사람은 짜릿한 승리를 맛보게 되는 죽음의 게임, 그러나 둘 다 끝까지 버티면 둘 다 승리자가 되지만 결국은 둘 다 목숨을 잃게 되므로 진정한 패자가 되는 가장 무모하고 가장 잔혹한 게임.

치킨 게임은 흔히 국가 간 패권경쟁에서 발생하지만 요즘은 정당간의 정치협상이나 노사협상, 국제 외교, 통상협상 등에서도 서로 상대방의 양보를 강요하며 갈 때까지 가다 결국 파국으로 끝나는 공멸을 자주 봅니다.

최근 불붙은 미중 두 패권국 간의 무역 전쟁이 최악의 치킨 게임으로 치닫고 있습니다.

미국의 5백억 달러 관세 폭탄에 중국이 같은 규모로 맞대응을 하자 마국이 다시 2천억 규모의 관세 카드를 꺼내 들었고, 중국도 〈신속히 필요한 보복조치를 취할 것이라〉며 반격을 공언하고 나섰습니다.

양국이 한 치의 양보도 없는 전면적인 치킨 게임 양상에 돌입한 것입니다.

같은 궤도 위를 서로 마주보고 달리는 열차와도 같이 어느 한 쪽이 백기를 들 때까지 절대 포기하지 않겠다는 두 패권국 간의 강공 드라이브가 자칫 우리나라 경제, 아니 세계 경제를 패닉에 빠트릴 수 있다는 불안감에 사실 요즘은 치킨 맛이 다 떨어졌습니다.

치킨 게임은 결국 양쪽 다 치명상을 입힙니다.

그래서 미리 양보하고 타협점을 찾는 것이 공멸을 피하는 상책입니다. 삶이란 절대 네가 죽지 않으면 내가 죽는다는 식의 막장 게임이 아닙니다. 더불어 살자는 것이고 함께 가자는 것입니다.

부디 지구촌의 평화를 위해 기도합시다.

하나님의 정의와 평화를 실천하며 삽시다.

초복을 앞둔 오늘 식탁교제 메뉴는 〈치킨〉입니다.

진실과 거짓 사이

어떤 목사님이 열띤 설교를 하며 〈... 그래서 여리고의 세리 바디매오가 예수님을 보기 위해 급히 뽕나무 위로 올라갔다!〉고 했습니다.

아뿔싸, 교인들이 수군거리고 청년들 중에는 킥킥거리는 사람도 있었습니다.

뽕나무에 올라간 키 작은 세리가 삭개오라는 것쯤은 교회학교 어린이들도 다 아는 얘긴데 목사님은 여전히 자신의 실수를 눈치 채지 못한 채 바디매오 타령만 하고 있었습니다.

가장 당황한 사람은 사모님이었습니다.

안절부절 못하며 손짓을 계속하자 다행히 사모님의 그 싸인을 눈치 챈 목사님이 아차 싶어 수습에 들어갔습니다.

그 때 갑자기 삭개오가 나타났습니다!

목사님의 실수로 생각하고 민망해 하던 교인들이 〈으잉! 이건 또 뭐야?〉하며 뜨아한 표정을 짓고 있을 때 목사님의 다음 얘기가 이어졌습니다.

삭개오가 그 바디매오를 향해 외쳤습니다.

사모님은 얼굴이 하얗게 질렸고, 교인들은 이게 성경에 있었던가? 하며 이제 어쩔 셈인가 하는 투로 목사님의 그 다음 말을 기다리고 있는데 〈야, 바디매오! 당장 내려와! 거긴 내 자리거든...!〉

이걸 과연 기지라고 해야 할까요? 유머라고 해야 할까요?
저도 언젠가 들은 얘기를 기억나는 대로 옮겨 본 것인데 우리는 자신의 실수나 잘못을 인정하고 시인하는 데 참 약합니다. 〈아, 참! 바디매오가 아니라 삭개오였지요? 죄송합니다! 나이가 들면서 저도 요즘 실수가 잦네요!〉하면 누구나 다 이해하고 웃으며 끝낼 일도 소설까지 써가며 끝까지 변명하고 합리화 하려고 합니다.
또 제 때 사과하지 않고 부인하거나 거짓말하며 버티다 오히려 패가망신하는 예도 얼마나 많습니까?
그래서 누구는 올라가 있던 나무에서 속절없이 떨어지기도 하고, 또 어떤 이는 진짜 주인이 나타나 〈야, 거기서 내려와!〉하며 호통치는 바람에 하루아침에 그 신세가 역전되는 낭패를 겪기도 합니다.

한진그룹 오너 일가의 몰락이나 결국은 특검까지 가게 된 〈드루킹〉 댓글 조작사건 같은 게 다 허와 실을 교묘히 뒤섞어 진실을 호도하려는 우리 사회의 거짓과 허위의식이 극명하게 드러난 사건들입니다.

이는 역사와 시대의 치열한 긴장을 피하고 오로지 수단과 방법을 가리지 않고 갑의 지위를 누리려는 가진 자들의 타락을 보여주는가 하면 또 어느 새 막강한 권력이 되어버린 소셜 미디어의 무자비한 탐욕과 역기능을 드러낸 가장 치부한 사건이라 하겠습니다.

그런데 지금 우리의 교육과 정치와 자본이 다 이런 문제와 깊이 결탁하고 있다는 데 그 고민이 있습니다.

우리는 날마다 속고 당하며 삽니다.

남의 조작과 강제하는 힘에 끌려 다니며 삽니다.

그래서 우리는 지금 진실에 대한 의지와 거짓에 대한 단호한 결별이라는 경계선상에서 과연 어디로 가야할지를 고민하는 대단히 엄중한 지점에 서 있습니다.

지방선거 시즌이 다가왔습니다.

또 얼마나 많은 입후보자들이 속고 속이고 조작하고 거짓을 재생산하며 국민들을 기만할까요? 영혼 없는 정치나 영혼이 썩은 권력 혹은 자본은 그 자체가 이미 하나의 끔찍한 재앙입니다. 그럼에도 우리의 가장 큰 문제는 아직도 사람을 너무 쉽게 믿고,

상처받고, 그렇게 받은 상처 때문에 다시 처절하게 절망하고 망가진다는 것, 그리고 우리의 그런 한계와 모순을 가장 잘 이용하는 사람들이 바로 정치하는 사람들이라는 점에서 늘 마음에 어떤 분노가 생긴다는 것입니다.

북한도 이제는 그 상투적인 기만술책을 버리고 좀 더 진정성 있게 임해 허망하게 무산된 북미대화와 남북 정상회담이 하루 빨리 재개되고 복원되기를 간절히 바랍니다.

과정의 정당성

7,8년 전 〈혁명가를 사랑한 왕비〉, 〈세상을 뒤흔든 치명적인 왕실 비화〉 등의 부제를 달고 우리나라에서도 개봉됐던 니콜라이 아르셀 감독의 덴마크 영화 〈로얄 어페어〉(A Royal affair)는 18세기 덴마크 사회의 개혁의 열망, 경제적 양극화, 교회와 특권층의 극단적인 보수화, 개혁 세력들의 도덕적, 윤리적 한계와 모순 등이 뒤엉켜 현 우리 사회를 연상케 할 만큼 치열한 현실적 공감대를 불러일으켰습니다.

절대 왕정이 무르익어 가던 18세기 덴마크 왕실, 왕인 〈크리스티안 7세〉는 나약하고 편집증까지 보이는 정신병자인 반면 무려 스무 살이나 연하인 왕비는 지적이고 우아했으며 더구나 당시 유럽을 휩쓴 계몽주의 사상에 깊이 매료되어 있었습니다.

부패한 귀족들과 관료들은 농민들을 쥐어짰고, 거리는 더럽고, 백성들은 모두 가난에 허덕였습니다.

한편 왕의 무능을 이용해 자신들의 기득권을 유지하던 귀족들이 왕의 광기를 더는 감당할 수 없어 그를 치료할 독일인 의사 〈요한〉을 선발합니다.

덴마크 궁전의 파란은 이때부터 시작됩니다.

그 독일인 의사는 그저 평범한 주치의가 아니라 계몽주의 철학자였고 뛰어난 설득력과 정치 변혁의 의지를 가진 개혁가였습니다.

그는 왕을 설득하여 태형제도를 철폐하고, 보육원을 설치했으며 접종 시스템을 도입, 의료개혁도 과감히 추진해갔습니다.

조세 제도도 대대적으로 혁파하여 귀족들의 특권을 해체해 나갔고, 각종 검열제를 없애고 표현의 자유를 확대해 백성들의 권리를 최대한 옹호하는 정책을 펴게 했습니다.

그러는 사이 요한은 진보적 사상과 파격적인 개혁 법안으로 국교회와 귀족들로부터는 극심한 견제를 받았지만 루소와 볼테르를 읽으며 계몽주의에 흠뻑 빠진 왕비 〈캐롤라인〉과는 점점 더 가까워지고 있었습니다.

결국 왕비와 요한의 관계를 눈치챈 기득권 세력들이 그것을 빌미로 강력한 반격을 시도해 마침내 개혁을 좌초시킵니다.

의사 요한은 단두대에 목이 잘리고, 왕비 캐롤라인은 왕궁에서 쫓겨납니다.

영화 〈로얄 어페어〉는 역사적 사실을 바탕으로 18C 덴마크 정치, 사회 혁명의 과정과 함께 그 처절한 계몽사상의 낭만을 적나라하게 보여줍니다.

당시 덴마크의 개혁의 단초는 계몽주의의 실현으로 백성들을 절대 권력의 굴레로부터 해방하고 그들의 권리와 인권을 최대한 보장하자는 취지였지만 결국 치명적인 도덕적 결함에 부딪혀 좌절되고 말았습니다.

개혁의 정직성과 도덕성은 흔히 기능을 중시하는 현대사회에서 더 쉽게 간과될 수 있다는 점에서 오늘 우리사회가 반드시 사필귀정의 교훈으로 삼아야 할 대목입니다.

어느 시대나 개혁을 통한 역사의 진보를 가로막는 치명타는 역시 개혁 세력의 비리와 도덕적 결함에 있음을 깊이 명심할 일입니다.

혹 현 문재인 정부도 〈대의를 위해서는 부분적인 과정의 하자 쯤은 불가피하다〉는 신념에 젖어 있다면, 저는 꼭 18C. 덴마크의 실패한 개혁사인 이 〈로얄 어페어〉를 한 번 보시라고 권하고 싶습니다.

언제나 개혁 주체들의 그릇된 자신감과 오만, 과정의 부당성이 개혁 그 자체를 〈단두대〉에 세웁니다.